도서출판 대장간은
쇠를 달구어 연장을 만들듯이
생각을 다듬어 기독교 가치관을
바르게 세우는 곳입니다.

대장간이란 이름에는
사라져가는 복음의 능력을 되살리고,
낡은 것을 새롭게 풀무질하며, 잘못된 것을
바로 세우겠다는 의지가 담겨져 있습니다.

www.daejanggan.org

Copyright © Jacques Ellul

Original published in France under the title ;
    L'impossible Prière.
        Published by © Éditions de la Table Ronde. 2007

Uesd and translated by the permissions of la Table Ronde.
Korea Edition Copyright © 2015, Daejanggan Publisher. in Daejeon, South Korea

자끄엘륄총서 26
우리의 기도

지은이	자끄 엘륄
역자	김 치 수
초판발행	2015년 3월 4일

펴낸이	배용하
책임편집	배용하
등록	제364-2008-000013호
펴낸곳	도서출판 대장간
	www.daejanggan.org
등록한곳	대전광역시 동구 우암로 75-21 (삼성동)
편집부	전화 (042) 673-7424
영업부	전화 (042) 673-7424 전송 (042) 623-1424

분류	영성 | 기도
ISBN	978-89-7071-344-1 03230

이 책은 한국어 저작권은 la Table Ronde와 독점계약한 대장간에 있습니다.
기록된 형태의 허락 없이는 무단 전재와 복제를 금합니다.

 값 9,000원

우리의 기도

자끄 엘륄 지음
김 치 수 옮김

L'impossible Prière

Jacques Ellul

기도는 자유롭고 자발적인 것이다.
기도의 의무란 없다.
그런 의무감은 익명성을 띠게 할 뿐이고 기도를 메마르게 한다.

차례

역자서문 … 11

추천의 글 … 유해룡, 박동열 … 15

서문 … 23

제1장 · 기도에 관한 익숙한 통념들 … 27
 1. 기도의 이미지 … 27
   기도하는 손 ◆ 27, 빈손에는 빈 기도 ◆ 29, 어린 사무엘 ◆ 30
   하늘의 전화 ◆ 31
 2. 기도의 유형 … 32
   신비주의 ◆ 32, 대중적인 기도 ◆ 34, 삼종기도와 전례 ◆ 36
 3. 기도의 태도 … 43
   열광 ◆ 43, 자기 수양 ◆ 46, 방임 ◆ 48, 체념 ◆ 51
 4. 현대인의 기도 상황 … 53

제2장 기도의 기원 … 55
 1. 인간 본성론 … 55
   기도의 대상과 내용의 부재 ◆ 59, 심리적 치유 수단 ◆ 61
   자기몰입적인 독백 ◆ 63
 2. 종교적인 접근 … 64
   파스칼 ◆ 64, 바르트 ◆ 66, 신학의 한계 ◆ 68
 3. 기도의 언어 … 72
   언어의 문제들 ◆ 73, 기도의 비언어적 본질 ◆ 79

제3장 기도하지 않는 이유들 … 83

1. 사회학적인 조명 … 88
탈종교화 ◆ 88, 현실주의와 회의주의 ◆ 91, 실적과 효과 ◆ 93,
윤리성과 도덕성 ◆ 96, 언어학적 분석 ◆ 98

2. 신학적인 합리화 … 100
희소성의 원칙 ◆ 101, 인간성의 성숙 ◆ 102, 전근대적 부성 이미지 ◆ 106
신의 죽음 ◆ 108

제4장 기도하는 유일한 이유 … 115

1. 계명 … 118
지속적인 기도 ◆ 122, 성서 읽기 ◆ 123

2. 순종 … 125
신앙의 전제 ◆ 129

3. 자유로운 선택 … 133
하나님과의 대화 ◆ 136, 하나님의 약속 ◆ 138, 미래의 소망 ◆ 142
깨어있기 ◆ 147

제5장 투쟁하는 기도 … 151

1. 하나님과 단절된 시대의 기도 … 151
자기 자신을 향한 투쟁 ◆ 154, 종교와의 투쟁 ◆ 157
거짓의 영을 대적하는 투쟁 ◆ 161

2. 하나님을 향한 투쟁 … 164
전적인 투신 ◆ 164, 생명을 건 씨름 ◆ 171

3. 종말론적 소망과 인간 구원을 위한 투쟁 … 174
종말론적 행위 ◆ 177, 사회참여 ◆ 180, 역사 ◆ 184

엘륄의 저서-연대기순 … 187

역자서문

남녘의 작은 섬에서 한 교회를 섬기다가 재작년 늦여름에 서울로 다시 올라오게 되었다. 처음에는 익숙한 것으로 치부했던 서울 생활은 점차 낯설게 느껴졌다. 아침에 일어나면서 흡사 어디 잠시 놀러온 것 같은 착각이 든 적도 여러 번 있었다. 그것은 조금은 불편한 느낌으로 다가왔다.

거의 일 년 반이나 지난 지금에 와서도 시내에 나가서 커다란 빌딩들 사이를 걷다 보면 어느새 주눅이 들어있는 나를 발견하고는 마음이 산란해진다. 그건 커다란 빌딩과 같은 교회 건물들 앞에서도 마찬가지다. 본시 소심하기 때문이리라 넘기려고 하다가 마음속 깊이에서 그냥 넘어가지 않으려는 움직임이 일어나는 걸 감지하게 되었다. 높은 빌딩들 앞에서 그런 위축감이 드는 것은 단순히 건물들의 높이와 크기 때문인가? 그렇다면 작은 섬에서 왜 끝없는 하늘과 드넓은 바다를 볼 때는 그렇게 느끼지 않았을까? 문득 성서의 한 장면이 떠오른다.

가이사랴 빌립보는 로마 군대의 주둔과 함께 당시 세계 최강의 로마 문명이 이식된 곳이었다. 대부분이 갈릴리 벽촌 출신인 제자들을 데리고 그곳에 들렀던 예수님은 제자들과 함께 로마의 상징인 커다란 건축물들과 신전들 앞에 섰다. 인간이 만들어놓은 건물들의 위용에 반은 정신이 나가 있던 제자들을 향하여 예수님은 물으셨다. "너희는 나를 누구라 하느냐?"

그 물음이 "너는 나를 누구라 하느냐?"라는 물음으로 내 안에서 울린다. 모든 존재의 근원인 하나님이 내 안에서 묻는 것이다. 저 건물들 앞에서 주눅이 드는 건 나에게 내 영혼과 생명을 허락한 하나님을 향한 믿음이 없는데서 오는 것이 아닌가. 천하보다 귀한 한 영혼 한 영혼의 사정에 예민해야 할 나는 기실 영혼이 없는 건물들 앞에서 기가 죽고 위축되고 만다. 무엇이 나를 이렇게 몰아가는가? 아니 내가 내 삶에서 진정으로 지향하는 것이 과연 무엇인가?

저자인 자끄 엘륄은 이 책을 통해서 이 시대의 첨단 기술 문명 앞에서 인격과 영혼이 메말라가는 현대인들의 영적인 상황을 지적하고 있다. 그리고 우리로 하여금 우리의 기도 상황에 관해서 함께 나누며 자문하게 한다. 불어로 된 이 책의 제목은 문자 그대로 번역한다면 '불가능한 기도' *L'impossible prière* 가 된다. 그 제목으로 엘륄은 진정한 기도는 인간의 본성이나 노력으로는 불가능할 수밖에 없음을 말한다. 절망적이다. 그런데 그 절망은 하나님을 향한 참된 발돋움이 시작되는 자리이다.

나에 대해 절망할 때 역설적으로 나를 부르는 주님의 음성에 귀가 열리기 시작한다. 순종은 정직하게 자신의 한계를 인정하고 자신에 대해 절망한 사람에게 비로소 가능한 길이다. 여기서 엘륄은 "깨어 기도하라"는 말씀이 우리 각자를 향한 주님의 계명일 수밖에 없음을 전한다. 그 계명에 믿음으로 순종하는 것이 곧 진정한 기도의 출발이다. 이 기도는 필연적으로 자기 자신과의 투쟁으로 시작해서 사회와 역사 그리고 영원을 향한 씨름이 된다.

　세월호로 온 나라가 가슴앓이를 하던 지난 늦봄에 이 책을 번역하기 시작했다. 뻔히 눈앞에 보면서도 물속으로 빠져 들어가는 그 많은 생명들을 구하지 못하는 상황은 기가 막히고 심장이 멎는 충격으로 우리 사회를 강타했다. 정말 안타까운 심정으로 기도하는 그리스도인들이 많았을 것이다. 그때 "우는 자와 함께 울라"는 주님의 말씀은 우리 모두를 향한 말씀이 아니었을까. 고통당하는 인간과 함께 고통당한 주님이 그 고통으로 우리와 하나가 되었듯이, 함께 우는 가운데 갈가리 찢긴 이 나라와 우리 사회가 하나가 되는 계기를 마련하지 않았을까.
　지난 번 이 책을 출판하는 일로 잠깐 만났을 때 대장간의 배용하 대표님은 아직도 팽목항에 남아있는 유족들을 회상하며 눈물을 훔쳤다. 우는 자와 함께 우는 사람인 배대표님의 권고와 격려 속에서 이 책의 번역을 무사히 마쳤다. 언젠가 웃는 자와 함께 웃는 날이 오길 기대한다. 장신대 유해룡 교수님은 늦깎이 신학생으로 막막하던 신대원 시절에 나를 주님과의 참된 사귐과 교제가 있는 기도와 영성의 길로 인도해주신 은사님이다. 그동안 나의 성가신 부탁이나 억지스러운 요청에 언제나 긍정적으로 답해 주시더니, 이번에도 흔쾌히 추천사를 써주셨다. 한국자끄엘륄협회 회장 박동열 교수님의 신앙적 열정과 결기는 학자로서의 성실성과 함께 나의 나태와 안일을 깨우는 경종이었고, 이번 번역에 착수하는 데 일조를 했다. 파리에서 교분을 맺은 믿음의 형제 신기호 목사님은 선뜻 이 일을 내게 양보하며 일임하였다. 자끄 엘륄을 전문적으로 연구하는 이상민 선생님의 치밀하고 꼼꼼한 교정 덕분에 적지 않은 오류를 수정할 수 있었다. 우리 집의 예언자인 아내는 번뜩이는 영감으로 이 책의 제목을 『우리의 기도』라고 정해 주었다. 우리가 현재 하는 기도와 함께 우리가 지향해야 할 진정한 기도를 함의하는 제목이라 싶다. 번역하면서 보다 용이한 이해와 독서의 편의를 위해서 부득이 원문의 긴 단락들은 간략하게 나누었으며 차례를 조금 더 체계화하여 세분하였다. 여기서 비롯된 오류는 모두 번역자의 몫임은 물론이다.

역자로서 함께 음미하고 싶은 저자의 말을 소개한다. 이 책의 말미에 쓴 다음의 말을 통해서 저자 엘륄은 어쩌면 그리스도인으로서 이 시대를 치열하게 살아온 자신의 삶의 이정표를 보여주는 듯하다. "기도는 종말론적인 행위로서, 생명의 실타래를 엮어가려고 죽음과 허무에 대항하여 매 순간 영적으로 싸우는 것이다."

2015년 2월 3일 김치수

추천의 글

장로회신학대학교 교수 유 해 룡

　책을 추천할 때에는 추천할만한 이유가 분명해야 한다. 그런데 이 책을 처음 읽어 가노라면 기도하는 데에 별로 도움이 되지 않는 책이라는 인상을 받는다. 기도에 관한 책이라면 적어도 책을 읽어가는 동안 의문이 풀리고 기도하고 싶은 마음이 솟아나야 하는데, 오히려 기도에 대한 비관적인 서술이 줄줄이 이어지면서 과연 기도는 자기 자신과의 독백에 불과한 것인가, 인간의 연약함에 근거한 본성적인 넋두리에 불과한가, 단순한 종교적인 습성인가 등의 의문이 일어난다. 그리고 기도하는 사람들은 그 기도의 효용성을 간과할 수가 없는데, 저자는 그 효용성에 대한 무용론을 제기하는 듯하다. 그러면 기도하고자 하는 사람들에게 이런 책이 무슨 도움이 될까라는 의문이 일어난다. 그러나 인내를 가지고 이 책을 읽어내려 가노라면 문득 저자의 고뇌와 투쟁이 마음 깊이 전해 오면서, 앞에서 잠시 느꼈던 불편한 심기는 잦아들고, 어느 사이에 저자의 속 깊은 마음의 소리가 들려오기 시작한다.
　왜 사람들은 기도에 대해서 점점 등을 돌리고 있는가? 그것은 누구 때문이며, 무엇 때문인가? 효율성을 소중히 여기는 기술 사회적 영향인가? 건강하지 못한 신학적인 사조의 영향인가? 아니면 전통적으로 믿어왔던 기도에 대한 편협한 이해가 현대를 살아가는 사람들에게 더는 설득력을 주지 못하기 때문인가? 기도의 이해가 너무나 축소되어서 다른 것으로 대체되었기에 더는 기도의 필요성을 느끼지 못하기 때문인가? 저자는 이 모든 것이 기도를 가로막는 역할을 하고 있다고 주장한다. 그는 박식하고 통찰력 있는 시각을 가지고 기도를 가로막는 요소들을 폭넓고 깊게 다루고 있다. 그의 예리한 분석을 따라가노라면 어느 사이에 나 자신의 기도 태도나 습관에 대해서 저절로 성찰하는 계기를 가지게 된다. 동시에 자연스럽게 다음의 물음으로 옮겨간다. 그러면 어떻게 바람직한 기도자가 될 수 있는가?

이러한 의문이 고조되어 갈 즈음에 저자는 숨겨놓은 듯싶은 반전의 카드를 꺼내기 시작한다. 본 저서의 전반부에서 기도는 흔히 대화라고 하지만 실제로는 대화일 수 없다는 저자의 논법이 여전히 생생한데, 불현듯 그의 논법이 선회하여 기도는 하나님과의 대화일 수밖에 없다는 주장을 펼친다. 여기 와서 우리는 기도의 본질을 배우게 된다. 기도가 대화라면 그 대화의 주도권이 누구에게 있어야 하는가? 그 물음에 대한 답이 어떠냐에 따라서 기도가 대화일 수도 있고, 그렇지 않을 수도 있다. 기도의 주도권이 기도자에게 있다면 결코 그것은 대화일 수 없다. 우리의 마음과 환경 속에서 솟아난 의문이나 욕구를 가지고 기도에 접근하려 할 때에 그에 적합한 반응을 대화하듯이 알아들을 수 있겠는가? 그렇다 할지라도 그것에 대한 신뢰성을 담보할 만한 어떠한 논증도 존재하지 않는다. 그러므로 사람들에게 대화의 확신을 전해줄 수는 없다.

그러나 엘륄은 기도의 효용성을 말하기 전에, 기도는 하나님의 명령이요 약속이라고 한다. 기도는 본성적인 욕구의 발산이 아니고, 하나님의 말씀이 전해주는 계명이요 약속이라고 한다. 말씀을 읽는 동안 그 말씀이 하나님이 개인에게 주는 계명으로 들릴 때에, 각 개인은 이에 대한 적합한 반응을 요청받게 된다. 그것에 대한 반응으로 기도가 시작되면 그것이 바로 대화가 된다. 그러나 말씀의 요청이 개인적인 욕구나 환경적인 요구와 충돌을 빚으면서 기도는 투쟁적으로 변해간다. 여기에서 더욱 활발한 대화가 일어나게 된다. 여기서 기도는 더는 부자연스러운 행위가 아니다. 이렇게 자끄 엘륄은 그리스도인의 기도가 어떠해야 하는지를 명확하게 드러내 주고 있다. 기도는 신뢰와 신앙을 전제로 하는 하나님과의 대화이다. 그리고 엘륄은 기도에서 일어나는 갖가지의 의혹과 불확실성은 역시 기도 안에서 풀어가야 할 문제라고 한다.

지금까지 서술한 이러한 이유 때문에 이 책을 적극적으로 추천해야 할 필요성을 느끼게 되었다. 내적인 의문과 환경적인 요인 때문에 기도할 수 없는 사람들은 이 책을 읽는 동안 그러한 장애물들이 거두어지는 것을 경험하게 될 것이다. 기도를 하지만 갖가지 의문과 불확실성 때문에 고뇌를 하는 사람들에게 이 책은 그러한 의혹들에 대해서 보다 명료함을 안겨줄 것이다. 그리고 기독교 기도의 핵심이 무엇인지를 알고자 하는 사람들에게 탁월한 안목을 열어줄 것이다. 기도하고자 하지만 기도하지 못하는 사람들, 기도를 소중히 여기고 지속적으로 기도하지만 자신감 있게 자신을 기도에 투신하지 못하는 사람들, 그리고 단순히 기도를 알고자 하는 사람들에 이르기까지 이 책은 매우 유용한 통찰력을 전해줄 수 있기에 기꺼이 추천한다.

추천의 글

한국자끄엘륄협회 회장/서울대 교수 박 동 열

오늘날 기도가 점점 사라지고 있다는 것이다. 이것은 닫힌 세상, 국가주의, 고도의 기술사회, 비합리의 폭발, 목적과 수단의 뒤바뀜, 진리와 현실의 뒤바뀜, 가치의 변질, 이미지의 승리와 말의 죽음, 마법적인 것으로 회귀, 언어에 대한 경멸, 의심과 조롱의 편재 등 자끄 엘륄이 지적한 현대사회에서 나타나는 지배적인 특성 때문이다. 그는 『우리의 기도』에서, 기도에 대한 여러 이미지, 관찰되는 기도의 실제 형태들, 기도의 기원, 기도하지 않는 다양한 이유 그리고 기도해야 하는 이유를 다루면서, 오늘날 그리스도인이 해내야 할 투쟁적인 참된 기도의 모습을 정립하고자 한다. 그에게 기도라는 것은 인간의 본성에서 나오는 행동, 신비한 체험, 강요된 규범, 이교적 흥분이 가득한 열정, 자기 수양의 도구, 언어적 형식으로 구성된 담화와는 전혀 상관이 없다. 그것은 오직 하나님에게서 시작된 하나님의 명령이요, 신앙 그 자체이며, 본질적으로 하나의 투쟁으로의 초대이다. 그는 그리스도인이란 항상 '깨어 기도하라'는 예수의 명령에 순종하는 자이고, 통념적인 기도를 넘어서서 투쟁적 기도를 하는 자라고 주장하는데, 이러한 주장을 이해하고자 한다면 현대사회와 교회의 현 상태를 기술하는 '하나님과의 단절^{déréliction}'이란 개념과, 예수 그리스도의 재림에 대해 무관심한 현대사회와 교회의 상태를 표현한 '잊혀진 소망'이란 개념을 이해해야만 한다. 왜냐하면, 그가 정의하려고 하는 기도는 이 두 개념과 밀접히 연관되어 있기 때문이다.

엘륄은 현대세상과 교회가 구약의 '사사기 시대'나 예수 그리스도가 오기 직전의 '중간 시대'처럼 '하나님과의 단절' 상태에 있다고 본다. 다시 말해 현대세상의 죄악과 구조 악으로 말미암아 우리는 우리로부터 돌아서서 침묵하는 '하나님과의 단절' 시대에 들어왔다는 것이다. 물론 이러한 단절이 개개인의 삶과 하나님의 단절을 의미하지는 않는다. 단지 하나님의 침묵과 부재란 집단적으로 체험되는 현상으로서, 인간의 역사와 사회와 문화와 과학과 정치 속에서 경험되는 하나님의 부재이다. 이러한 시각이 적지 않은 반발과 반대 견해도 불러오겠지만, 엘륄은 하나님이 실제로 등을 돌려 현대인들이 자신들의 기술에 의지하여 그들의 운명을 스스로 결정하도록 내어 버려두었고, 그 결과 현대세상에서 하나님의 말이 선포되는 것이 거의 불가능하다고 주장한다. 비록 하나님이 어떤 사람의 삶 속에 역사하더라도, 현대 사회와 역사 속에서는 침묵한다는 말이다. 그런데 이러한 하나님의 침묵은 사실 하나님이 우리를 내버렸다는 것을 의미하는 것이 아니라, 오히려 우리가 하나님을 내버린 것을 의미한다. 이러한 맥락 속에서 기도란 결국 인간의 삶과 역사에 대해 돌리셨던 하나님의 등을 다시 인간과 인간의 세상으로 돌리게 하는 간절하고 절박한 행동이다. 다시 말해 하나님이 도저히 돌아보지 않으면 안 될 정도로 거부할 수 없는, 하나님이 원하시는 진정한 간구, 바로 그것이 기도이며, 이러한 기도가 오늘날 문명과 현 세대에 절실히 필요하다는 것이다.

한편, 엘륄은 '희망' espoir과 '소망' espérance을 근본적으로 구분한다. 그에게 예수 그리스도의 다시 오심을 기다리는 참된 '소망' 이외에, 인간이 의지하는 온갖 것들, 즉 국가, 제도, 첨단 기술, 의학기술, 대중매체, 종교, 혈연 등 이것들에 기대를 가지고 있는 것을 '희망' 으로 파악한다. 그런데 현대인은 이 '희망' 을 근거로 현 세상에 존재하는 수많은 난제를 해결하고자 여러 인간적 수단과 방법을 사용하고 노력한다. 그러나 엘륄에 의하면 이런 수단과 방법에 의지하는 것이 오히려 이 난제들을 더 악화시킬 뿐, 더는 그 어떤 문제도 해결할 수 없다는 것이다. 그는 오직 예수 그리스도의 재림을 통한 하나님 나라의 도래만이 이 난제를 해결할 수 있다고 주장한다. 사실 인간적인 '희망' 이 역설적으로 유대인 학살, 전쟁, 행정적 구속, 교육경쟁, 인간성 상실과 같은 부정적 결과를 가져온다. 그래서 엘륄은 '희망' 이란 근본적으로 기만이라고 규정하고, 그리스도인은 지금 돌아서서 침묵하는 하나님이 다시 인간에게로 돌아오는 '소망' 을 갈망해야 한다고 말한다. 하지만, 현대 세상이 야만의 시대, 인간을 경멸하는 시대, 위대한 이상이 좌절된 시대, 환멸의 시대, 의심이 일반화된 시대가 되었고, 모든 분야에서 효율성을 최고의 가치로 추구되는 기술 사회가 된 이상, 우리가 '소망' 을 지니고 사는 것이 쉬운 일이 아니다. 그렇다고 해서 하나님 나라의 도래를 갈망하는 우리가 다시 인간의 역사에 개입하는 하나님이란 산 '소망' 을 포기할 수는 없는 것이다. 그런데 엘륄은 이 '소망' 을 지닌 자들이 가지는 삶의 중요한 특징이 '기도' 라고 보았다. 즉 기도하는 사람만이 하나님의 개입을 진정으로 갈망하는 자들인데, 그는 기도를 통하여 그분의 개입을 확신하게 되어 진정한 '소망'이 생긴다는 것이다. 그래서 그는 '진정한 기도'는 돌아서서 침묵하는 하나님이 우리에게 돌아와 다시 말하도록 요청하는 끈질긴 투쟁이라는 것임을 알게 된다는 것이다. 비록 기도가 힘들고 자신을 귀찮게 할지라도, 기도 없이는 최소한의 소망도 없으며, 기도에 대한 포기와 무관심은 자신에게 어떤 소망도 없다는 것을 의미한다는 사실을 깨닫게 된다는 것이다. 그러므로 그리스도인의 기도는 하나님의 개입에 대한 확신이며, 소망하게 되는 유일한 이유이고 미래와의 연결점이다. 그래서 기도 없이 꿈꾸는 모든 일은 거짓된 '희망'이며 '환각'이 된다. 이것이 엘륄이 본서를 통해 말하고자 한 바이다.

본서의 번역은 참으로 번역 사업을 함께한 사람들이 기다려온 일이다. 그동안 엘륄의 책들을 한 권씩 번역할 때마다, 또는 그의 번역서를 가지고 토론회를 마칠 때마다, 우리는 하루속히 『우리의 기도』가 빨리 번역되어야 한다고 늘 말하곤 했다. 아마도 이것은 우리가 현 세상에 대한 엄밀한 분석과 치열한 토론을 해도 그리고 대안적 행동을 구상해도, 결국 인간이 쏟아내는 담론과 지엽적인 행동보다도 더 중요한 것은 실제로 수많은 난제를 위해 기도하는 것이라는 점에 모두가 암묵적으로 동의하기 때문일 것이다. 상당한 시간을 기다려서 번역된 『우리의 기도』는 이 책을 읽는 독자들에게 기도에 관해 출간된 수많은 책과 전혀 다른 울림을 전해주리라 생각된다. 아마도 '당신이 그리스도인이라면 이제 하나님께 침묵을 깨고 당신의 약속을 지키기를 강요하라'는 투쟁적 기도의 울림을 듣지 않을까 생각된다.

물론 이런 울림에는 편안한 글로 번역의 임무를 훌륭히 완수한 김치수 목사님의 공이 크다.

어느덧 본서는 엘륄의 저서 중 26번째 번역서가 되었다. 지난 수년 동안 번역사업의 동반자들이 자끄 엘륄의 생각의 결을 허덕이며 따라갔던 것 같다. 이 시점에서 우리는 이제 그가 보여준 기도의 모델 속으로 함께 들어가기로 했다. 자끄 엘륄의 사상에 동의하든 안 하든 간에, 자신의 기도 태도를 돌아보고 더 깊고 투쟁적인 기도 속으로 나아가길 원하는 사람들에게 꼭 『우리의 기도』 일독을 추천하고 싶다.

서문

 이 책은 경건 서적이 아니다. 이 책의 독자들은 여기서 기도를 잘하기 위한 충고나 조언이나 좋은 모범들은 얻지 못할 것이다. 나는 기도를 안내하기 위한 기도안내서를 제공하고자 하는 의도가 없다. 기도는 한 인간에게 자신의 인격 전체가 개입되는 행위이자 아주 개인적인 결단이라고 확신하기에 사람들에게 기도의 방향을 제시하거나 영향을 주려는 일은 나는 피하고 싶다.

 사실 그 많은 기도의 모범들이 대체 어디에 사용될 수 있는지 나는 잘 모르겠다. 우리에게는 이미 모든 기도의 모범들을 다 포함하는 하나의 기도의 모범[1]이 주어져 있지 않은가. 나아가서 적절한 시간 설정이나 기도를 쉽게 하는 내적 침묵의 확립이나 호흡법에 대해서 기술적으로 조언하는 것이 과연 무슨 소용이 있을까 싶다. 가슴속 깊은 곳에서 자연스럽게 우러나오는 외침이 아니라면 온당한 기도라고 할 수 없다. 사소한 기술적인 방법들은 기도하는 사람이 자신의 기도와 그 실제적 필요에 맞게 찾아가는 것이다. 그렇지 않으면 그런 방법들은 가식이요 모방에 지나지 않는다. 기도의 필요성을 느끼지 않는다면 그 많은 모범과 방식은 아무짝에도 쓸모가 없

---

[1] (역주) 주기도를 말한다.

다.

　기도안내서는 그것을 읽는 사람이 기도하고자 하는 원의를 가지고 있고 기도하는 법도 알고 있고 기도를 삶의 중요한 부분으로 삼고 있는 것을 전제로 한다. 기도에 매진하는 사람에게 기도안내서는 기도의 더 좋은 계기와 표현을 제공하는 유익한 도구가 된다. 그러나 오늘날 기도를 신뢰하며 이미 하고 있는 사람은 찾아볼 수 없다. 믿음에 뿌리내린 확실한 그리스도인으로서, 기도를 잘 하지 못해서 안내만 받으면 되는 그런 사람을 더 이상 찾아보기 어렵다.

　현대인은 기도할 줄도 모르지만, 기도할 마음이나 필요성조차 느끼지 않으며 자신의 내면에서 기도의 깊은 샘을 찾지 않는다. 나는 그런 사람들을 잘 안다. 왜냐하면, 나 자신이 그런 사람이기 때문이다. 나와 같은 사람이 기도의 필요성을 주장하는 변증서를 써서 널리 알려진 위대한 기도의 사람들의 경험들을 예시하며 기도의 위대성이나 유익성을 입증하는 주장들을 펼친다는 것이 말이 되는가? 기도의 경험은 개인적이므로 개인적인 경험이 없이 기도에 대해 말할 수 없다. 그러면 기도하면 좋다는 걸 입증이라도 할 것인가? 스스로 인지하지도 지각하지도 못하는 사람에게 기도의 필요성을 증명이라도 할 것인가? 목마르지 않다는 사람에게 "당신은 잘 몰라서 그렇지 사실 당신은 지금 목마른 상태이니 내가 찾은 이 좋은 물을 마셔야 한다"라고 설득하는 것이 가능한가? 그렇게 해서는 결코 그 사람에게 물을 마시게 할 수 없을 것이다.

　몸이 탈수 상태에 있으나 스스로는 필요성을 느끼지 못하고 물을 마시려 하지 않는 환자에게 의사는 수분을 관으로 주입하도록 지시할 것이다.

그렇지만, 어떻게 기도를 주입할 수 있다는 말인가? 가톨릭 교회가 기도의 공동체들을 통해서 그런 시도를 하곤 했었다. 그것이 확실한 효과가 있는 것 같지는 않다.

기도의 당위성을 입증할 수 있는 사람은 아무도 없다. 그래서 나는 기도의 변증서를 쓰려고 하지 않는다. 더더군다나 기도를 주제로 하는 신학이나 성서 분석에 관한 책을 쓰지는 않을 것이다. 그 문제에 관한 한 이미 수많은 훌륭한 책들이 나와 있다. 그 주제에 관해서 다룰 만한 것은 이미 거의 다 언급되고 기술되었다. 성령과 기도의 관계, 신앙의 표현법, 기도 응답의 문제, 다양한 기도 방법 등에 관해서 우리는 이미 다 알고 있다. 거기에다가 또 내가 무엇을 덧붙일 수 있겠는가? 아마도 이미 언급된 것을 재탕하는 수준에 그치고 말 것이다.

기도를 주제로 하는 신학에 대해서는 어거스틴이나 아빌라의 테레사나 루터나 파스칼이나 십자가의 성 요한이나 키에르케고르나 깔뱅을 참조하라고 할 수밖에 없다. 마이요가 이미 말한 것처럼 "기도에 관한 신학을 책으로 쓴다는 것은 신학 전반에 관해 책을 쓰는 것과 같다."[2] 내 의도는 그것이 아니다. 내 목표는 아주 작은 것이다. 그것은 바로 우리 자신들에 관한 것으로 기술 구조 사회 속에 있는 현대인의 구체적인 상황을 다루는 것이다. 기도하도록 유인하는 것은 하나도 없고 기도를 멀리하게 하는 것 투성이기에 현대인은 이제 기도하지 않는다.

인간은 죄인이기에 기도하길 원하지 않는다거나 기도할 수 없다는 사실

---

[2] 알퐁스 마이요(Alphonse Maillot), 「성서 용어: 기도」 *Vocabulaire biblique: Prière*.

은 거론하지 않을 것이다. 그건 언제나 그랬다. 거기엔 새로운 것이 없다. 그러나 나는 스스로 자문하게 된다. 오늘날의 상황은 어떤가? 기도에 관해서 우리 시대가 잘못 하고 있는 것은 무엇인가? 기도의 장애물들은 무엇인가? 그런 문제에 대해 나는 해결책을 제시할 수 없다. 그렇지만, 우리가 처해 있는 상황은 알 수 있지 않을까? 여기서 말하는 우리는 경건한 사람이나 신앙인이나 그렇지 않은 사람이나 상관없이 모든 사람을 다 포함한다.

나를 기도로부터 멀어지게 하는 동기들은 무엇이고 나로 하여금 기도하도록 이끄는 것들은 무엇인가? 달리 말하자면 오늘날의 현실 속에서 죄의 상황은 어떤가? 하나님에게서 멀어진 인간의 상태가 현재 어떻게 나타나고 있으며 그 양상은 어떤가? 지금 우리는 새로운 인간 조건을 경험하는 것처럼 보인다. 그렇다면, 그런 조건 속에서 기도의 현재 상황은 어떻게 되어가고 있는지 얘기해야 한다. 왜냐하면, 아직도 기도하는 사람들은 존재하기 때문이다. 기도하면서 우리는 무슨 말을 하고 있는가? 기도하면서 우리는 어떤 행동을 취하고 있는가? 우리가 하는 기도의 의미는 무엇인가? 이 책에서는 이런 문제들을 다루고자 한다.

제1장 · 기도에 관한 익숙한 통념들

1. 기도의 이미지

기도하는 손

뒤러^{Dürer}의 유명한 작품 '기도하는 손'을 보자. 한데 모은 두 손은 세밀하게 묘사되어 기도의 모습을 깊이 있게 표현한다. 두 손은 노동으로 단련되어 근력과 두께와 근육을 드러내고 있다. 그것은 병들었거나 무기력한 사람이 자신의 연약함 때문에 도움을 받으려고 기도하는 모습이 아니다. 그는 당당한 한 남자로서 농사를 짓는 농부이거나 전쟁을 치르는 군인으로 보인다. 크게 힘을 쓰는 것처럼 굵은 핏줄이 두 손 위에 드러나 있다. 두 손을 보면 기도를 덤덤하게 습관적으로 끝내는 평범한 일상의 행위로 하는 것이 아님을 알 수 있다. 두 손은 어떤 목표를 향해 노력하고 몰두하고 있는 것을 보여준다. 검의 손잡이나 도끼자루를 잡은 것처럼 손 위로 정맥의 핏줄이 불끈 솟아나 있다. 그리하여 강한 의지를 가지고 애쓰며 기도하는 모습을 나타낸다.

그 두 손은 열정이나 분노나 비통함을 담고 있지 않다. 두 손은 편안하다. 그 기도는 격앙된 절규가 아니며 가슴속에서 우러나오는 말은 광분하여 막무가내로 부르짖는 것이 아니다. 두 손은 아주 부드럽고 가볍게 모아져 있다. 손가락과 손바닥은 살짝 붙어 있다. 그 두 손은 평온하고 평화로운 느낌이 든다. 그것은 행동을 잠시 멈추고 휴식하는 모습과 함께 약속의 아침과 성취의 저녁에 임하는 마음의 평온을 보여준다.

이 평범한 모습에는 안일함이 아니라 굳건한 확신이 담겨 있다. 두 손이 그런 확신을 담은 것은 자신이 기도하는 대상이 누구인지 알고 있기 때문이다. 그는 낭만적이거나 바로크적인 커다란 제스처를 취할 필요가 없다. 확고한 믿음으로 그는 가슴 속에 있는 견고한 내적 힘을 보여주는 두 손을 올린다. 그는 자신의 소망과 믿음이 누구를 향하는지 알고 있다. 단순한 동작의 순수성을 통해서 우리는 깊은 신앙의 순수성을 보게 된다. 순전한 신앙 가운데 있는 순전한 한 사람이 거기 있다.

그 두 손은 마치 신하가 자신의 주군을 신뢰하며 자신의 두 손을 맡기는 모습과 같이 모아져 있다. 그 동작은 똑같은 것으로 같은 의미를 내포한다. 뒤러의 그림 속 두 손과 같이 미래의 신하는 자신의 두 손을 전적인 각오와 결의로 주군의 손에 맡긴다. 주군은 자신의 두 손으로 신하가 내민 그 손들을 붙잡는다. 그리고 신하는 자신이 주군의 사람임을 선언한다. 그것은 신앙의 공표이다. 그는 주군의 손에 전적으로 자신을 의탁하면서 주군을 향한 자신의 신앙을 전한다. 주군은 신하를 온전히 다 받아들이면서 하나님과 사람들 앞에서 그 결의를 다진다. 주군 역시 신하를 향한 자신의 신뢰를 전해준다. 주군이 가치 없고 보잘것없고 거짓된 사람을 신하로 받아들이지 않는다는 점은 명백하다. 신하는 전쟁을 치를 전사이다. 겸손히 몸을 굽혀서 이런 태도로 기도하는 사람은 온전하고 순전한 사람이다. 기도의 행위는 연약한 행위가 아니다. 샤를 페기의 훌륭한 글이 그걸 말해준다.[1]

---

[1] 샤를 페기(Charles Péguy), 『아기 성자들의 신비』 *Le Mystère des Saints-Innocents*, 1912.

렝스 성당 안에서,

혹은 조엥빌 성의 예배당 안에서,

조엥빌이 바닥에 무릎을 꿇은 것은

동방의 노예가 겁을 집어먹고 치욕스럽게 전율하면서 쓰러져서

동방의 전제군주의 발밑에 무릎을 꿇은 것이 아니다

그건 자유인이요 프랑스의 한 제후인 조엥빌,드 조엥빌 경이

자신을 내어놓고 투신하며 스스로 무릎을 꿇은 것이다

자발적으로, 이를테면, 아무런 사심 없이

자유인이자 프랑스의 한 제후로서

뒤러의 그림 속에서 우리가 발견하게 되는 기도 행위의 가장 큰 고귀함이 여기에 표현되어 있다.

빈손에는 빈 기도

그 두 손의 동작은 금방 "빈손에서는 빈 기도가 나온다"[2]라는 아주 오래된 속담을 상기시킨다. 이 말은 먼저 즉각적인 오해를 불러일으킨다. 그 말의 뜻은 분명히 기도 그 자체로 충분하다는 것이다. 그 말은 무엇보다 기도 속에 나 자신을 다 내려놓지 않는다면 그 기도는 아무 소용이 없다는 의미이다. 내 손의 동작은 기도 이외의 행동은 포기한다는 것을 분명하게 나타내려는 것이다. 두 손은 하나로 모여서 더는 달리 수고하거나 싸우려 들지 않는다. 이제 나의 손은 주님에게 내 모든 행위와 내 존재 전부를 담아 올려 드리는 하나의 잔이 된다. 그 손이 그냥 손에 불과하여 아무런 뜻도 없는 단순한 몸짓에 그치고, 존재 전체를 담고 있지 않아서 그냥 텅 빈손에

---

[2] 르루 드 리네이(Leroux de Linay), 『13세기』 XIIIe siècle.

지나지 않는다면, 그 기도는 아무런 의미가 없을 것이다.

그런데 똑같은 말이 곡해되어서 우리를 다른 길로 오도할 수 있다. 즉, 우리의 기도에 하나님의 관심을 끌려면, 우리 손에 헌물과 선물과 소원과 선행이 담겨 있어야 한다는 식으로 그 뜻을 왜곡하는 것이다. 그래서 우리 손에 선물과 제물이 없다면 하나님이 외면하리라는 것이다. 우리의 기도가 응답되지 않는 이유를 때로 이렇게 말하곤 한다. "나는 최선을 다하지 않았어. 나는 공적도 쌓지 않았고 헌물도 올리지 않았어." 마치 이방인의 신들과 같이 선물이나 행위로서 하나님의 흥미와 관심을 유도할 수 있다는 식으로 생각하여, 우리는 하나님을 이상한 하나님으로 만들곤 한다.

하나님이 당신 자신을 온전히 우리에게 주었기에, 그 응답으로 우리 자신을, 우리의 마음과 사랑을 요구할 때, 그 모든 요구는 물질이 아니라 단지 믿음과 소망으로 가득한 기도의 손, 간구와 찬미로 내민 두 손을 뜻하는 것이다. 그런데 우리는 그런 하나님의 뜻과는 정반대로 우리의 손을 물질로 가득 채우려고 한다. 그렇게 해서 우리는 우리의 삶과 우리 자신을 하나님에게 온전히 맡기지 않는다는 사실을 감추려는 것이다. 하나님은 기도 속에서 자기 자신을 내어 맡기는 사람을 원한다. 그런데 우리는 하나님의 호의와 이해를 얻어내려고 하나님에게 물질을 올리는 걸 선호한다. 그러나 우리의 손이 너무나 가득 찼기에 정작 우리의 손은 빈손이 되고 만다. 이어서 우리는 커다란 음성을 듣게 된다. "나는 너희의 절기와 제물을 미워한다. 내가 사랑하는 것은 회개하는 마음이다."

어린 사무엘

한 단계 낮추어서 기도가 또 다르게 표현된 모습을 보자. 레이놀드Reynolds가 그린 '어린 사무엘'은 첫 영성체를 위한 기념물들에 많이 등장한다. 오목한 자국이 있는 얼굴에다가 잘 빗겨진 멋진 머리 모양을 하고 예쁜 블

라우스를 입은 네다섯 살의 매력적인 어린아이 모습이다. 그 아이는 무릎을 꿇고, 무아지경에 빠진 눈은 하늘을 향하고서 우아한 몸짓으로 통통한 작은 두 손을 포개고 있다. 그런데 하늘의 빛이 그림의 왼쪽 높은 곳에서 어둠을 가르면서 아이 위를 비추고 있다. 예쁘고 귀여운데다가 위안을 주는 모습이다. 그 모든 것은 하나님에게서 사무엘이 선택받은 감동적이고 놀라운 장면을 연출하는 것이다.

그 선택은 "여호와의 말씀이 희귀한 때에" 갑자기 한 아이에게 임하였다. 그 아이는 "여호와여 말씀하옵소서. 주의 종이 듣겠나이다"라는 아주 의미심장한 기도를 올리고 나서 제사장 엘리에게 전해야 하는 참담한 심판의 말씀을 듣게 된다. 기도는 감미롭고 편안하고 부드럽고 평범하고 친숙한 모습이다. 어린아이들의 기도는 정말 사랑스럽다.

이 작품에서 화가는 부르주아적인 심성을 가지고 기도의 숭고한 특성을 누그러트리고 완화해 버렸다. 널리 보급된 이런 이미지는 완전히 거짓된 기도의 모습이다. 이런 거짓된 이미지는 아주 많다. 우리의 현재 상황을 알려면 그런 것들을 잘 분별할 필요가 있다. 하나님과의 전적인 만남의 순간을 우리는 어떻게 표현할 수 있을 것인가.

하늘의 전화

구세군의 찬송가에서 빌려온 "하늘의 전화"라는 문구는 좋은 느낌을 준다. 기도는 하나님과의 직접적인 대화로서 하나님에게 우리가 말할 것을 전하고 가슴 속에 새겨들을 것을 듣는 확실한 방법이 아닌가? 그리스도교의 전통적인 용어들을 현대인에게 맞게 바꿔야 한다는 말을 늘 해오고 있는데 바로 이 문구가 딱 맞는 말이 아닌가 싶다.

기도는 하늘의 전화라고 인식되고 있다. 보통 사람들은 곧바로 이해한다. 세상에는 핫라인 긴급 전화도 있지 않은가. 그러니 크렘린보다 더 멀리

떨어져 있는 존재와 통화하기 위한 도구가 왜 없겠는가. 이런 명백한 사실은 어린애라도 다 이해가 가능할 것이다. 더더구나 그게 일종의 기계와 같은 신기한 장치라는 것이다. 전화 수화기를 대고 하듯이 기도하고 또 그렇게 말을 하다니 말이다. 논리적으로는 잘 맞는다. 그렇게 비유함으로써 나의 기도가 전달되는 것이 확실해지는 듯하다. 그것은 마치 전화로 상대방과 통화할 때 상대방이 아무리 멀리 있다 하더라도 내 말을 들을 수 있다는 사실을 확신할 수 있는 것과 같다. 그 장치 자체가 나에게 확신을 준다. 나에게 하나의 수단이 주어졌으니 내가 행동을 취할 수 있다는 식으로 말이다.

현대인의 사고방식에 딱 맞는 그런 논리는 우리로 하여금 지독한 착각에 빠지게 한다. 그런 이미지로는 기도를 제대로 이해할 수 없다. 기도는 하나님을 붙잡는 수단이 아니다. 기도를 가능하게 하는 것은 하나의 방식이 아니라, 기도를 기꺼이 듣기 원하는 하나님의 은총 어린 결정에 의한 것이다. 기도는 아주 멀리 있는 존재가 아니라 아주 가까이 우리 마음속에 있는 존재를 향한 것이다. 기도는 기술적인 절차가 아니라 하나의 기적이다. 우리는 기도에 관해 여러 가지로 오해하면서 살고 있다.

2. 기도의 유형

신비주의

분명하지 않지만, 감동을 불러일으키는 위대한 영성가들의 신비 체험은 언제나 우리의 흥미를 끌곤 한다. 그 신비 체험 속의 어느 지점에서는 기도가 부차적인 것이 되어버린다. 갑작스럽게 혹은 점차 기도하는 사람은 자신을 잊어버리고 말조차 잊게 된다. 이제는 간절히 구하려고도 하지 않고 하나님을 만나는 접점을 찾지도 않는다. 감각 기관은 놀라서 혼돈에 빠져 더는 어떤 적절한 의미를 찾지 못하면서도, 한량없는 위안과 하나님의 현존과 진리를 자각하게 된다. 이는 방언으로 하는 기도의 차원을 넘어서는 것이다.

오늘날 젊은이들이 마약을 복용하여서 얻고자 하는 것을 신비주의자들은 이미 기도 가운데 찾았다. 그들은 그것을 하나님과의 만남이라고 규정했다. 그것은 또한 커다란 전체와의 연합이기도 하다. 그것이 십자가의 성 요한의 어두운 밤으로 가는 길이요 아빌라의 테레사가 경험한 말로 표현할 수 없는 하나님의 현존으로 가는 길이다. 그것은 더는 환시도 일어나지 않고 지각할 수 없기에 말로 표현할 수 없다. 그것은 기도를 넘어서는 기도이다. 그런 기도는 영적인 경험 가운데 겪는 찰라인 것 같이 여겨진다. 그러나 하나님과 직접적으로 만나거나 연합되어 있는 가운데서는 엄밀하게 말해서 더는 기도라고 할 수 있는 것이 가능하지 않다. 더는 깨어 있는 의식으로 일관성 있게 말할 수 없게 되기 때문이다.

그것은 이성적인 개신교의 사고방식에는 아주 낯선 것이다. 그러나 그것이 우리가 흔히 기도라고 하는 보통의 담화식 기도만큼의 가치는 충분히 있는 것이 아닌지 자문하지 않을 수 없다. 그런 경험은 우리에게 두려움을 준다. 우리는 그것을 수용하는 데 어떤 어려움을 느낀다. 우리는 그걸 의심한다. 그러나 기도가 하나님과 대면하여 대화하는 것이라면 어떻게 우리는 일상에 안주하는 데 그치고 말 것인가? 어떻게 그와 같은 하나님의 현존이 우리 안에서 변화를 불러일으키지 않겠는가? 우리는 우리 자신의 기도로는 변화되지 않는다. 우리가 하나님을 너무나 친숙한 우리 방식으로 인식하고 있고, 일상적으로 그런 식의 하나님에게 익숙해져 있기 때문이다. 우리는 하나님을 경망스럽게 대한다. 우리는 하나님과 대화하는 것을 소중하고 아주 황홀한 경험으로 생각하지 않는다.

신비 체험이 심오한 참된 기도의 시금석이라고는 말할 수 없을지 몰라도, 그런 체험에 이르지 않는 일반적인 우리의 기도는 기도의 부재를 나타내는 시금석이라고 말할 수 있다. 게다가 우리는 신비주의를 경계하면서도 기도에 관한 우리의 많은 전례 속에 그런 양식들을 간직하고 있지 않은가. "기도 가운데 마음^{영혼}을 드높이 올리라"고 우리는 말하곤 한다. 이는 아주 오래된 양식이다. 다메섹의 성 요한은 이미 4세기에 기도는 "영혼을 하나님께 높이 올리는 것"이라고 말했다. 우리는 그 이미지를 아주 잘 간직해왔으면서도 그것이 실제 의미하는 것을 조금도 실행하지 않았다. 만약 정말로 실행했더라면 그 영향과 결과가 얼마나 컸었을까. 단순히 묵상적인 태도만 취했을지라도 우리의 마음이 하나님을 향해 높여졌을 것이 아닌가.

　그러나 그건 하나의 양식에 지나지 않는다. 우리는 그 내용도 의심하고 있지 않은가. 성공회 주교 로빈슨^{Robinson}이래로 하나님은 높은 곳에 있지 않다고 믿지 않는가 말이다. 그렇다면, "드높이 올린다"는 말은 아무런 의미도 없게 된다. 행동주의 사회학이 나온 이후에 우리는 육체로부터 분리시킬 수 있는 영혼의 실체성을 믿지 않는다. 종교개혁 이후로 인간은 어떤 경우라도 결코 "하나님에게 올라갈" 수 없고, 그것은 인간의 의지가 아니라 하나님의 뜻에 달렸다고 우리는 믿고 있다. 그래서 우리는 그런 논리로 기도의 신비 체험을 쉽게 도외시하곤 한다. 어쩌면 그래서 우리는 더 심오한 진리를 놓치는 것은 아닐까.

대중적인 기도

　교회 안의 봉헌물 위에 기도문을 쓰는 이상한 관습이 있다. 그 지역의 성인의 명성이나 성모 마리아상에 대한 특별한 경외심 때문에 셀 수 없이 많아지기도 하는, 그런 기도문들은 대중적인 기도를 가장 직접적으로 보여준다. 그것들 가운데는 경우에 따라서 감동적이거나 웃기거나 기막힌 것들이 있다. 많은 사람이 간절히 구하는 것으로 가장 흔한 세 가지 간구는 시험 합격이나 특정인의 사랑이나 병의 치유이다. 개중에는 아주 개인적이고 독특한 것들이 있다. 이혼하고 싶지만, 자신이 먼저 나서지 않으려는 어떤 여성은 "남편이 먼저 화를 내게 해주세요."라고 적어 놓았다. "어린 딸을 먹여 살릴 수 있도록 내일까지 일자리를 찾을 수 있게 해주세요." "낙하산을 매고 뛰어내릴 용기를 가지게 해주세요." 이런 글들은 대중적인 기도의 내용이 어떤 것인지 짐작할 수 있게 해준다. 그 내용은 지극히 단순하고 지극히 구체적이고 지극히 직접적이다. 성령을 구하는 내용은 나로서는 찾아볼 수가 없었다. 이것이 수많은 크리스천의 기도의 내용임을 우리는 부인할 수 없다.

그러나 말만으로는 부족하다는 듯이 기도를 글자로 기록했다는 사실은 놀라운 것이다. 기록은 더 확실하고 오래가서 누구보다 기록한 사람을 구속한다. 기도를 기록함으로써 그의 열정은 더 깊어진다. 말은 쉽게 날아가고 글은 오래 남는다는 옛말처럼 말이다. 아무튼, 성인이나 성모 마리아한테도 말은 쉽게 사라지고 마는 것이다. 그러니 더 오래가는 증거로서 성인의 눈앞에 늘 놓여 있는 기도문을 남겨야 한다. 성인은 내가 한번 한 말을 그 이후로는 듣지 못한다. 그 점에서 우리는 모두 하나님이나 하나님을 섬기는 주위의 천사들의 신인동형론을 따르고 있지 않은가. 그러나 기도를 기록으로 남긴다면 성인은 내가 거기 없거나 내가 잊어버릴지라도 그것을 읽고 또 읽을 것이다.

봉헌물 표지판에 기록함으로써 나의 기도는 이전에 응답받은 다른 사람의 기도에 연결된다. 누군가가 봉헌물을 올려서 기도 응답을 받았다면, 그 사람의 기도는 효험 있는 것으로 인정된다. 그러니 나는 그 사람의 기도 효력의 혜택을 받으려면 내 것을 거기 올려놓아야 한다. 나는 이제 기도 응답을 받은 사람이 자신의 봉헌물로 감사의 표시를 함으로써 그 성인이 관대해질 것을 믿고 기다린다. 그가 봉헌한 감사의 표시를 보고 성인은 만족할 것이다. 그 봉헌물 위에 나의 기도문을 기록하면, 성인은 자기가 받은 선물과 함께 나의 기도를 쉽게 받아줄 것이다.

그러한 것들이 이 관습의 의미를 말해준다. 이를 보면 우리가 이교도 풍습에 완전히 젖어 있는 것이 아닌가 싶다. 그렇게 해서 무한히 반복되는 기도의 영속성을 기대하는 것은, 티베트 불교에서 기도문을 넣은 원통을 회전시키는 것과 궤를 같이하고 있지 않은가. 기도를 올린 사람과 분리된 채로, 그 기도의 내용을 담은 작은 종이는 기도가 계속하는 것으로 받아들여지게 해서, 거기 적힌 기도는 이제는 영원히 지속되는 것이다. 나는 이제 더는 상관할 바가 없다. 예전에 말과 행동으로 했던 기도는, 그 자체의 생명을 가진 것처럼 스스로 지속하여서, 내가 따로 할 것이 없게 된 것이다.

그것은 어쩌면 마술에 흡사하다. 그러나 아주 신실하고 진지한 그리스도인은 기도할 때에 마술이 아닌 것을 분별할 수 있어야 한다. 그런데 그게 그리 단순하지 않다. 기도 응답을 기다리면서 하나님의 뜻에 따르는 것처럼 행하는 것 자체가 이미 어느 정도 마술에 가깝지 않은가. 우리가 원하는 참으로 정직하고 순수한 기도는 신비주의와 마술적인 것 사이의 아주 좁은 길을 따라야 하지 않을까 싶다. 그러나 그 이외의 다른 경계표지들이 아직도 많이 존재한다.

삼종기도와 전례

밀레의 만종을 보자. 밭에서 일하며 하루를 보낸 두 농부가, 저녁 무렵이 되어 감자를 담은 자루는 반쯤 채운 채로 일을 멈추고, 일순간 괭이를 내려놓고 서있다. 그들이 일을 멈춘 것은 종소리가 들렸기 때문이다. 성부와 성자와 성령의 이름으로 세 차례 종이 울렸다. 그리고는 아주 큰 타종 소리가 한 차례 울려서 기도 시간임을 알렸다. 그들은 하루 일이 끝날 무렵 일을 멈추고 서 있다. 석양이 그들을 비춘다. 그들의 옷은 더렵혀져 있고 그들의 손은 진흙이 묻어 있다. 그들은 힘든 일을 한 탓에 아직도 땀을 흘리고 있다. 그들은 일하던 손을 모으고 입던 옷 그대로 기도의 부름에 응했다. 그들은 진지하고도 신실하게 기도한다. 어쩌면 그 유명한 그림이 사실을 있는 그대로 잘 반영한 것이 아닌지도 모른다.

그림이 주는 의미는 교회가 아침, 점심, 저녁의 삼종기도를 정하면서 의도했던 바를 온전하게 구현하고 있다. 현장에서 일하던 복장 그대로 하는 기도는 평범한 일상의 삶과 밀접하게 연결되어 있다. 그러나 기도는 단순히 보이는 형상과는 달리 일상의 삶을 영위하는 자리에 영적인 차원을 영입한다. 그것은 단절을 일으켜서 방금 벗어난 일상의 일을 다른 관점에서 바라보게 한다. 삼종기도는 물러남의 시간인 동시에 우리를 둘러싼 모든 것과 연결되는 관계를 맺게 한다.

이 오래된 가톨릭의 기도 관습은 그 풍성한 의미와 함께 아주 아름답지만, 우리에게 서로 성격이 완전히 다른 두 가지 문제를 던지고 있다. 첫째 문제는 "노동은 기도다"라는 끔찍한 말과 관련이 있다. 끔찍하다는 표현은 그 말이 풍기는 냉소주의와 합리화와 경멸감에서 비롯된다. 물론 나는 그 말을 정당화할 수 있는 모든 신학 이론들을 알고 있다. 노동은 하나님이 원하는 것이요 인간의 일생을 성취하게 하는 것이다. 노동은 아직 미완성의 자연을 완성하는 것이요 자연을 통해서 하나님에게 영광을 돌리는 것이다. 그 모든 논리를 종합하면 우리가 기도할 필요가 없는 것이 분명해진다. 노동 자체가 그 모든 이론 속에서는 기도가 되기 때문이다.

나는 그 모든 주장이 전적으로 거짓이라고 단언한다. 노동에 관한 신학적인 이론들을 진지하게 받아들일 때, 우리는 안식일을 거룩하게 지내라는 계명과 함께, 행동과 구별되는 기도의 특성을 유념해야 한다. 그 모든 신학적인 논리들은 하나님에게 나아가지 않고, 삼종시간에 기도하지 않으며, 쉬지 않고 일할 수 있도록 신학적으로 합리화하는 데 지나지 않기에 나는 그 모든 것이 다 거짓이라고 단언하는 것이다. 노동이 하나님이 내게 내린 소명을 완성케 하는 것이라 하더라도 "노동은 기도다"라고는 할 수 없다. 왜냐하면, 그 소명은 기도의 소명과 다른 것이기 때문이다.

문제의 그 말은 노동의 신성성을 확고하게 하고 사람들 앞에서 어떻게 하나님 앞에서 그렇게 할 수 있겠는가? 자신의 "노동의 종교"를 정당화하려고 부르주아 계급이 지어낸 말이다. 그들은 그 종교를 통해서 남들에게 엄격한 노동의 규율을 강요하였다. 노동자는 기도하려고 따로 시간을 가질 필요가 없다. 공장은 멈추는 시간도 쉬는 시간도 없다. 일단 공장을 떠나서는 노동자가 피곤해서 마음을 모아서 기도할 수 없을지라도 상관없는 일이다. 노동자가 자신을 착취하는 고용주에 대한 증오심으로 격분하여서 기도에 필요한 내적 평화를 가질 수 없을지라도 아무 상관이 없다. "노동은 기도다"라는 말에 따라서, 고용주를 욕하는 노동자는 바로 그 고용주 덕분에 원하든 원하지 않든 간에 하루 열 시간에서 열두 시간을 기도하게 된다. 그 말은 종교적인 포장으로 전체주의적 노동의 규율을 지키려고 부르주아 계급과 자본가들이 150년 동안 천명해온 역겨운 거짓말이다.

가톨릭 교회는 "노동하면서 기도할 수는 없다"라는 사실을 분별하는 지혜가 있었기에 하나님에게 나아갈 수 있도록 노동을 멈추는 시간을 정했다. 그렇게 함으로써 노동자가 이미 마쳤거나 또는 앞으로 해야 할 노동을 봉헌하여 거룩하게 하고 하나님과 함께하게 했다. 이는 노동하느라 수고하는 것과는 다른 것이다. 일상에 파묻혀서 신발이 흙에 깊이 박힌 사람에게 그것은 다른 것이지만 결국은 똑같은 것이다. 기도하려고 주일에 입는 옷을 입는 것이 꼭 필수적인 것은 아니다. 그러나 지금 하고 있는 일을 멈추는 것은 기도하려면 필수적이다. 자신의 일을 멀리하지 말아야 한다. 그러나 기도는 우리로 하여금 일에 대한 집착에서 벗어나게 한다. 기도는 우리로 하여금 일에서 자유롭게 하고 일을 낮은 것이지만 필요한 것으로 제자리에 맞게 돌려놓는다. 이와 같은 내용이 삼종기도가 첫 번째로 우리에게 환기시키는 기도의 올바르고 중요한 특성이다.

두 번째 특성은 중요한 것이지만 완전히 설명하기는 어려운 것이다. 삼종기도는 명령에 의해 기도하는 것으로 종이 울리면 모든 것을 멈춘다. 그러면 사람들은 제각각으로 다른 걸 생각하고 있었는데 이제 갑자기 "하나님을 생각해야" 한다. 아직 필요한 준비가 갖춰지지 않았다고? 상관없다. 정해진 시간에는 기도해야 한다. 그러니 의무적인 기도나 기계적인 기도가 나올 뿐이다. 그때 암송하는 기도는 자발적인 것이 아니다. 암송 기도는 마음속으로 암기하고 있는 텍스트를 외우는 것이다. 그런데 지금 그 마음은 어디에 있는가?

유사한 문제가 전례기도, 용처별 기도 형식, 기도 수칙 등에서 나타난다. 그런 기도들에 관한 신학적인 기초는 분명하다. 하나님은 항상 현존하고 늘 기꺼이 응해 주는 분이기에 하나님은 우리의 기도를 받아들이고 들어주고 수용한다. 우리의 기도에 가치와 의미를 부여하는 분은 바로 하나님이기 때문이다. 우리의 내적인 성향이나 열정이나 의식이 문제가 아니다. 하나님이 정하고 받아들인 기도는 그 자체가 참된 기도가 된다. 이것이 첫 번째로 지적할 요점이다.

기도하는 것이 자신에게 정말 중요하고, 기도의 깊은 의미를 인식하고, 하나님의 현존 앞에 나아가는 것의 중요성을 통찰하고 있는 가운데, 사람이 기도의 부름을 받을 때 일어나는 느낌은 집착이나 쾌락이나 근심과 걱정과는 차원이 다르다. 기도의 중요성과 진정성은 여타의 모든 것들을 넘어서고 압도한다. 기도가 시작되자마자 그것들은 사라져 버리고 만다. 그렇지 않으면 우리는 기도의 중요성을 실감하지 못한다. 그때 기도는 초라하게 되어 우리의 필요나 기분에 좌우되고 만다. 그렇게 기도는 유야무야가 된다. 이것이 두 번째로 지적할 요점이다.

세 번째 요점은 믿음의 공동체인 교회와 관련이 있다. 하나님이 사랑의 줄로 우리가 서로서로 연합되기를 원하기 때문에 기도는 공동체의 기도가 되어야 한다. 전례 기도를 올릴 때 그 기도는 결코 헛되고 피상적이지 않다. 그 기도는 보편적인 교회와 하늘의 천사들이 함께 올리는 것이기 때문이다. 교회가 명한 기도는 결코 기계적인 것이 될 수 없다. 서로가 서로를 부축하면서 다른 사람의 부족한 것을 채우는 믿음의 형제들이 기도를 담당하기 때문이다.

칼 바르트는 전례기도와 공동체 기도의 중요성에 대해 길이 남을 글을 썼다. 그러나 이 경우에 우리는 예수가 지적한 "중언부언"을 떠올리지 않을 수 없다. 그래서 가톨릭 교회가 봉헌송이나 묵주 기도, 그리고 별 내용이 없는 똑같은 기도를 수도 없이 기계적으로 반복하는 기도문들을 규정한 것에 대해 우리는 의문을 가지지 않을 수 없다. 극단적으로 나아가서 기도를 수용하는 것은 하나님이니 내가 거기에 관심을 가질 필요가 없다고 말할 수도 있지 않을까. 그렇지만, 그건 물론 아니다. 정한 시간에 명령을 받아 정해진 기도문에 따라 하면서 내가 어떻게 실제로 기도에 몰두할 수 있을까?

물론 개신교의 개인주의와 기분에 좌우되는 기도는 경계해야 한다. 내 기분이 기도하기에 알맞아서 기도한다고 치자. 그렇다면, 내가 그렇게 자발적으로 하는 기도의 내용은 무엇일까? 앞에서 언급했던 봉헌물에 기록된 기도문들은 개인적인 기도의 내용을 우리에게 밝혀주고 있다. 그런데 그 내용은 별로 만족스러운 것이 아니다. 그러니 자발적인 기도라는 이유만으로 기도의 질이 높다고 할 수 없다. 기도의 주제가 자기 자신과 이해관계와 관심사에 너무도 집중되어 수준이 저하될 뿐 아니라 때로는 분노를 유발하는 것이 문제이다.

전례 기도나 명령에 따른 기도의 경우에는 기도의 진정성이 문제이다.

성무일과에 정해진 기도에 온전히 몰두하는 것이 어렵다는 것은 누구나 다 알고 있다. 기도를 잘하게 하는 기술이나 방법은 따로 없다. 기도에 인위적인 방식을 가미하자마자 기도는 더는 기도일 수 없게 된다. 오늘날 우리가 명령에 따른 공중 기도를 하는 데 어려움을 느끼는 것은 어쩌면 믿음이 약화하거나 쇠퇴했기 때문인지도 모른다. 겉으로 기도하는 시늉만을 내고 있다는 사실을 직시할 수 있게 하는 것은 무엇보다도 기도하는 사람의 진실하고 확고한 마음가짐일 것이다.

동일한 맥락에서 교회 운영회 모임이 열릴 때에 강요되는 기도에 대해서 우리는 아주 비판적이다. 장로회나 지역운영회와 같은 경우에 재정을 관장하고 교회의 전략을 수립하고 권위를 행사하는 사역을 담당한 사람들은 모임이 열릴 때에 기도해야 할 의무감을 느끼게 된다. 사람들이 할 일을 "하나님의 처분"에 맡긴다는 그 의도는 물론 좋은 것이다. 책임을 맡은 사람들은 함께 기도할 수 있어야 한다. 그런데 왜 그것이 공식 절차에 그치거나 형식적이고 별 의미 없는 것으로 보일까? 그와 같이 성령에게 수도 없이 간구하는 것을 나는 견딜 수 없다. 그런 식의 기도들을 나는 신뢰할 수 없다. 우리에게 성령의 임재와 능력이 결여된 때에, 그런 간구들이 무슨 의미가 있겠는가. 만약에 그런 간구들이 실제로 응답 되고, 성령의 역사가 임하게 되면 모든 재정 계획들과 기대치들과 무난한 운영안들은 전부 다 엉망이 되어버릴 것이다.

순전히 형식적인 기도는, 기도하는 사람이 아무리 신실하다 할지라도, 우리가 내리는 결정들이 하찮은 것임을 감추려는 것일 뿐이다. 공식적인 기도는 하나님에게 당신의 뜻을 알릴 기회를 주지 않은 채, 하나님의 일을 우리 자신들의 생각과 부족함과 무능력으로 처리할 수 있게 하는 통과 절차에 지나지 않는다. 기도는 우리 양심은 양심대로 유지하면서 교회 일을 하찮은 일로 받아들이게끔 한다. 그것은 입술로는 주를 섬긴다면서 실제로는 우리 스스로 모든 일을 다 처리하는 거짓 기도이다. 그것은 하나님과 함께한다는 명목을 세우는 기도로서, 모임을 시작할 때 하나님에게 간구했으므로 우리로 하여금 그 후의 의논 과정에서는 한층 더 자유롭게 하나님의 뜻을 개의치 않고 진행하게 한다. 그런 기도들은 커다란 침묵 속에서 결국 텅 빈 공허만을 초래한다고 나는 늘 생각해 왔다. 하나님의 이름에 누를 끼침을 알면서도 사회적인 규약에 응하여 모임의 순서에 정한 대로 내가 기도를 할 때에 나는 늘 굴욕감을 느껴 왔다.

이와는 반대로 의무적으로 하는 기도들 중에서 개인적인 자율 규제에 따르는 기도들은 힘들기도 하고 때로 의심도 들지라도 보다 더 진실한 것으로 여겨진다. 식전 감사 기도는 음식을 하나님에게 봉헌하고 하나님이 우리에게 내려준 것에 감사하는 훌륭한 기도이다. 그러나 또한 식사 기도가 식사를 시작하기 전에 꼭 치러야만 하는 고역처럼 금방 해치워버리는 형식에 그치는 경우가 얼마나 많은가. 정한 시간에 하는 기도가 있다. 스스로 규칙을 정하여 매시간 종이 울릴 때마다 일하다가도 멈추고 기도하는 사람들이 있다. 매시간 야단스러운 일상의 혼란을 잠시 접고 묵상 기도를 올리는 것이다. 그건 훌륭하다. 그러나 잊지 말아야 할 것은 기도를 하기 위해 어떤 장치를 사용하는 것은 내용이 없는 기계적인 기도에 쉽게 빠질 위험을 안고 있다는 점이다. 그럼에도 불구하고 그런 규칙적인 기도는 우리의 구체적인 일상의 삶과 우리를 분리시키는 커다란 장점이 있다. 이는 삼종 기도를 개인적으로 자진해서 대체한 경우에 해당한다.

"명령에 따르는 기도", 혹은 사회적인 구속으로 하는 기도에 관한 결론을 맺으려고 마담 드 맹뜨농[3]이 도비네M. d'Aubigné에게 보내는 편지에서 자신의 딸에 대해 언급하는 아주 충격적인 말을 인용하고자 한다. "내 딸은 매

---

3) [역주] 마담 드 맹뜨농(Mme de Maintenon, 1635-1719), 프랑스 왕 루이14세의 정부. 도비네는 그녀의 오빠로 알려져 있다.

일 공개적으로 기도하는 모습을 보여야 합니다. 그래서 그녀의 하인들이 본받게 해야 합니다." 여기서 기도는 순전히 사회학적인 이유 때문에 공식적인 의례가 되어버린다. 종교란 대중에게 좋은 것이다. 우리 지성인들은 신앙이 있다 할지라도 기도나 예배와 같은 겉치레를 할 필요가 없다. 그러나 하인들이 복종하고 헌신하게 하려면 좀 바보 같은 그런 짓들도 해야 할 필요가 있다. 여기서 기도는 지배계급을 위해서 대중의 체제 순응과 사회 안정과 권위를 옹호하는 수단이 되어버린다. 이는 기가 막힌 위선으로서 사람들 앞에서 기도하지 말고 공개적으로 경건 행위를 하지 말라는 예수 그리스도에 대한 명백한 불순종이다.

오늘날 프랑스의 상황은 17세기에 비해서는 어느 정도 변화되었다는 것은 사실이다. 이제는 성당이나 교회 바깥에서 공개적으로 기도하는 것은 우스꽝스러운 일로서 조소거리가 된다. 그러나 가장 고귀한 신앙의 표현들을 그 의미와 소임을 왜곡시켜서 이용하려는 사람들이 있음을 그리스도인은 결코 잊지 말아야 한다. 위에서 인용한 말은 기도의 본질을 변질시키는 것으로 현재 진행형이며 언제나 우리를 위협하고 있다.

3. 기도의 태도

열광

규율이 있는 기도의 형태와는 상반되는 것으로 디오니소스적인 열광적인 기도가 있다. 열렬한 소그룹들의 열정적인 기도는 신실한 경건주의에서 나오는 것도 같지만, 의심이 가는 면도 있다. 이는 머릿속에 스치는 모든 것들을 부르짖는, 장황한 기도이다. 그런데 정말로 기도가 머리에 떠오르는 모든 것들을 말하는 것이라면 그런 것도 기도로 수용할 수 있을 것이다. 가슴속 깊은 곳에서 우러나오는 것들을 전부 다 하나님에게 고하는 것은 좋은 것이다. 그런데 안타깝게도 수다스럽고 장황하며 흐르는 물처럼 끝없는 이런 기도는 직설적으로 말하자면 정직하지 않다. 그것은 수세대를 거쳐 전해온 모든 상투적인 말들과 판에 박힌 말들을 늘어놓는 것이다.

나는 그런 기도를 하는 사람들의 신실성이나 경건성을 의심하지는 않는다. 그러나 그런 신앙의 표현 속에 참된 것이 없다는 것이 나에게는 분명하다. 단조로운 음조로 말을 홍수처럼 쏟아 붓고, 상투적인 말과 절규와 감탄이 터져 나오고 진부한 방언 비슷하게 하는 것 같은 이런 기도는 실제로는 기도의 영이 함께하지 않는 것이다. 우리는 하나님을 향해서 끊임없이 말하는 이런 기도를 잘 안다. 이런 기도를 아주 지루해하는 사람들이 있는가 하면 대부분의 사람들은 그 리듬과 강한 발성과 함께 장시간 고정된 몸의 자세를 유지하기 때문에 점차 뜨거워지게 된다. 그렇게 심리적으로 용해되어서 하나로 융합하는 현상을 낳는다.

예수는 우리에게 중언부언을 피하라고 명하였는데 이렇게 말을 늘어놓는 것을 기도라고 할 수 있을까? 기도가 신자들을 흥분 상태로 몰고 가서 의식을 마비시켜서 무절제하게 자기 자신을 토로하게 하기 위한 수단이 될 수 있을까? 기도가 이성을 벗어난 광신적인 행위여야 할까? 그래서 열광 상태에 이르러 몸을 떨고 의미 없는 탄성을 지르고 입술에는 거품을 물고 눈은 이상하게 뜨게 해야 하는 것일까?

물론 참된 주의 임재가 인간에게 강한 충격을 주기도 한다. 하나님과 직접 대화하는 사람은 극심한 혼란에 빠질 수 있다. 만약에 하나님이 나와 대화를 나누는 친구가 된다면 나는 온몸에 심한 전율을 느낄 수도 있다. 하나님의 임재가 너무도 강하여 내가 말하고 행동하는 것을 자제할 수 없게 될 수도 있다. 그러나 주님의 임재로 착각하게 만드는 환상에 젖게 하는 방식을 통하여서 주님과의 교제로 인한 것과 비슷하게 흉내 내는 육체적 모습은 신성모독이다, 그것은 한마디로 악마적이다. 물론 하나님의 역사는 모방될 수 있다. 주님이 가까이 임하면 일어나는 현상은 인위적으로 쉽게 재현할 수 있다. 그러나 거품을 내고 몸을 떨고 탄성을 지르고 광적으로 흥분하는 것은 참된 기도와는 상반되는 것이다. 왜냐하면, 그런 것들은 한편으로는 하나님의 임재를 믿게 조작하는 것이고 또 다른 한편으로는 신이 내리게 하려는 일종의 마술적인 수단이기 때문이다.

내가 "신"이라고 한 것은 이 디오니소스적인 기도가 모든 종교들에서 나타났기 때문이다. 피티아la Pythie, 4)라는 무녀는 거품을 입에 물고 몸을 떨면서 신의 뜻을 드러내기도 했다. 그러므로 이 광적이고 장황하고 격렬한 기도는 특별히 그리스도교에 속한다고 할 것이 없다. 격렬한 것이 예수 그리스도의 진리의 표징은 아니다. 그런 종류의 경험들을 하는 것이 아주 좋은 느낌이 들 수도 있다. 그러나 그런 것들은 종교 간에 어떤 연속성이 있음을 말해주고 있고, 하나님의 계시도 하나의 종교를 탄생시켰다는 사실을 환기시킨다.

이제 우리의 논의를 사람들이 때로 아주 열광하기도 하는 춤추는 기도로 확대시켜 보자. 그 기도는 아주 깊은 집중 상태를, 영적인 것을 나타내는 것일까? 그렇다. 영적이라는 말이 성령을 지칭하는 것이 아니고 인간의 영을 뜻한다면 말이다. 발을 구르고 몸을 흔들고 날카로운 소리로 계속 반복해서 부르짖고 손뼉을 치고 온몸을 박자에 맞추며 흔들다가는 갑자기 그 중에서 한 사람이 신이 들려서 그 기도의 최고조 상태의 표현인 신들린 춤을 추기 시작한다. 그와 같은 것은 제자리를 빙빙 도는 춤을 추는 이슬람교 수도승들이나 만신 무당들에게도 일어나는 똑같은 현상이라고 지적하지 않을 수 없다. 거기에 예수 그리스도의 이름을 붙이는 것은 정말 악마적인

---

4) [역주] 고대 그리스의 아폴로 델포이 신전에서 제사를 집전하는 여사제. 광기어린 부르짖음으로 신탁을 전한 것으로 알려짐.

것이다. 거기에는 주님의 임재와 연관되는 게 하나도 없다. 그런 춤과 의식들을 정당화하려는 의도로 언약궤 앞에서 다윗이 춤을 춘 사실을 언급하는 것은 아무 소용이 없다. 모든 형태의 종교들에서 그런 심령적인 현상이 계속 일어나고 있는데, 하나의 성서 본문을 언급하는 것으로는 아무런 의미가 없다.

하나님 앞에서 참된 기도를 하기 원한다면 일종의 진정성을 표방하는, 아주 매혹적인 그런 유혹들을 단호하게 피해야 한다. 안타깝게도 인간이 자신에게서 일어나는 심령적인 현상들을 주님의 은밀하지만 명백한 임재와 혼동하여서 스스로 확신하는 것은 거짓된 마음에 지나지 않는다. 디오니소스적인 기도를 접할 때마다 우리는 집요하게 디오니소스의 영은 주님의 영과는 반대의 영이라는 사실을 단호하게 밝혀야 한다.

자기 수양

"우리가 하나님에게 기도를 올리는 것은 하나님을 가르치기 위한 것이 아니라 우리가 하나님을 향해 가져야 할 바른 마음가짐을 우리 스스로 가지기 위함이다." 보쉬에[5]가 쓴 이 글은 신실하고 사려 깊은 사람들이 가진 기도에 관한 통념을 말해준다. 언뜻 보기에는 정말 지혜로운 말이 아닌가. 모든 것을 다 아는 하나님이 우리에게 필요한 것들이나 하나님을 향한 우리의 마음을 아는데 과연 우리의 기도가 필요할까? 그러면 기도는 무용한 것이라고 결론을 내려야 하는가? 뒤에 가서 우리는 하나님과 인간의 관계를 착각하여서 생긴 이 문제에 대해 다시 살펴볼 것이다.

여기서 우리는 생각보다 더 광범위하게 퍼져 있는 기도에 대한 하나의 통념을 살펴보기로 한다. 그것은 결국 기도의 내용은 별로 중요하지 않다

---

[5] [역주] 자끄 베니뉴 보쉬에(Jacques-Benigne Bossuet, 1627-1704), 루이 14세때 '왕권신수설'을 주장한 프랑스의 정치가이자 신학자.

는 것이다. 사도 바울이 우리가 기도해야 할 바를 우리 자신이 알지 못한다고 한 성서 본문은 이를 뒷받침한다. 중요한 것은 기도의 자세로서 무릎을 꿇는 것, 양손을 모으는 것, 고개를 숙이는 것, 하나님 앞에 자기 자신을 보이는 것이다. 기도는 "우리가 하나님을 향해 가져야 할 바른 마음가짐을 우리 스스로 가지기 위한 것이다." 기도는 우리 자신에게 영향을 미쳐서 하나님이 바라는 우리의 모습을 가질 수 있도록 우리 자신을 스스로 교육하기 위한 수단이다.

여기서 우리는 뉘앙스와 의미는 다르지만, 기도를 하나의 수단과 도구와 방법으로 만들려는 의도는 같은 것을 발견한다. 이는 하나님이 우리를 기도로 부른 원래의 뜻을 완전히 왜곡하고 있다. 이는 기도에 대한 또 하나의 관념으로서 단순하면서도 편안하게 한다. 이것은 기도를 기이하고 상궤를 벗어나는 놀라운 행위로부터 우리 수준에 맞는 차원으로 되돌려 놓았다. 하나님에게 영향을 미쳐서 그 뜻과 계획을 변화시키려 한다는 주장은 그만둔다. 우리는 더욱 겸손해지고, 우리의 기도는 결국 우리 자신에게 영향을 미치기 위한 것으로 자기 스스로를 교육하는 것이다.

언뜻 보기에 이렇게 겸손하고 지혜로워 보이는 기도의 통념이 실제로는 기도가 위선으로 기울어져 진실에서 벗어나게 한다. 그것은 우리로 하여금 하나님 대신에 우리 자신을 행위의 중심에 두게 하는 것이다. 하나님은 너무나 위대한 분이라는 구실을 내세워 인간이 첫째 자리를 차지하게 하는 교묘한 술수이다. 그것은 하나님이 세운 질서에 복종하지 않으려는 수단이요, 하나님이 인간에게 주었다는 이유를 내세워서 인간이 잃어버린 것을 다시 찾으려는 방법이다. 여기서 우리는 기도가 우리의 지혜와 선한 의지로서 우리가 바라는 바대로 행하는 것이 아니라는 사실을 깨닫게 된다. 그리고 하나님이 우리에게 계시한 바대로 받아들일 때, 기도는 우리의 순종의 표현일 수밖에 없다는 것을 다시 한 번 마음에 새기게 된다. 기도의 세계에서는 순종만이 우리가 할 수 있는 것이다.

방임

"현실과 분리된 초월적인 기도는 자기 자신의 좋은 느낌을 스스로 즐기려는 것이다. 남들을 위해 기도한다면서 행동으로는 아무것도 하지 않는 것은 기도로 행동을 대체하려는데 지나지 않는다. 그것은 값싸게 양심을 지키려는 수단일 뿐이다. 모든 것을 하나님의 손에 맡기려고 자신의 능력과 수단을 포기한다는 것은 거짓이요 위선이다. 그렇게 함으로써 우리는 책임을 다하지 않는 것과 능력을 발휘하지 않는 것과 남들을 배려하지 않는 것을 우리 스스로 정당화한다." 이런 주장이 최근까지 수도 없이 반복되었다. 물론 이는 부분적으로는 맞는 말이다. 환자의 머리맡에서 기도해 주고는 환자를 홀로 남겨둔 채 가버리는 것이나, 필요한 돈은 주지 않은 채 곤경에 처한 가정을 위해 기도만 하는 것이나, 사회 정의를 위한 정치 투쟁에는 발을 빼면서 기근과 억압과 착취로 고통 받는 민족들을 위해서 기도하는 것은 아주 쉬운 일로 보인다.

현실과 분리된 이런 기도에 대한 행동 지침은 "진정한 기도는 하나님에게 요청한 것을 우리 자신이 먼저 하는 것이다." 내가 일용할 양식이 아니라 우리가 일용할 양식을 위해 기도할 때는 내 주위의 사람들에게 내가 먼저 음식을 나누어 주어야 한다. 평화를 위해 기도한다면 평화를 구체적으로 건설하려고 나 자신이 먼저 행동해야 한다. 이런 기도 자세는 정말 진지하고 엄숙하다. 이는 우리에게 기도가 빈 말로 하는 것이 아니고 자신의 말에 온전히 책임을 지는 사람에게만 가능한 것임을 정확히 말해준다. 기도한 것은 반드시 책임을 져야 한다. 기도에 대한 이런 해석의 근거로서 성서 본문들이나 신학적인 이론들이 제시될 수 있다. 예수 그리스도가 오병이어의 기적을 베풀 때에 제자들에게 너희가 가서 그들에게 먹을 것을 주라고 하였다. 한 아이가 가진 빵 다섯 개와 물고기 두 마리를 받아서 기적을 일으키는 원재료, 기반으로 삼았다.

우리는 이렇게 말할 수 있다. "나는 하나님의 역사를 위해 기도한다. 그러나 하나님의 역사는 하늘에서 떨어지는 것이 아니라 나의 행하고자 하는 의지를 통해서 일어난다. 기적은 아무것도 없는 무에서 나오는 것이 아니라 나의 헌신을 통해서 일어난다. 내가 할 수 있는 것은 아주 작다. 나는 병든 자를 고칠 수도 없고 배고픈 자를 먹일 능력도 없다. 단지 나는 지금 내가 할 수 있는 것을 내가 있는 자리에서 행할 뿐이다. 하나님은 그런 미약한 것들을 가지고 위대한 기적을 일으킨다." 이는 성서적으로 이론의 여지가 없는 사실이다.

그렇지만, 이에 대해서 다음과 같이 왜곡된 해석에 빠지지 말아야 한다. "하나님은 사악하고 이기적인 죄인인 나에게서 그런 사랑과 자비심이 일어나는 기적을 베풀었다." 이것은 정말 잘못된 말이다. 기적은 제자들이 그 역사에 참여했던 것이 아니라 오천 명의 남자들이 음식을 먹었다는 사실이다. 이런 잘못된 이해는 우리로 하여금 기도의 힘을 믿지 않게 하고 기도할 용기를 내지 못하게 한다. 이는 인간의 한계에 갇혀서 기도를 신뢰하지 못하는 우리의 모습을 드러나게 한다. 그것은 기적의 역사를 방해하고 하나님의 뜻을 경시하게 한다.

이제 그 말에 대한 올바른 해석을 고찰해 보기로 한다. 그것은 하나님이 우리를 동역자로 삼고 인간의 중재가 없이는 일하지 않는다는 신학적으로 깊은 진리를 밝혀준다. 그런 해석은 충분한 근거가 있다. 그러나 애석하게도 그것이 그 말의 의미를 철저히 드러내 주는 것은 아니다. 사실 그 말의 깊은 의미는 인간을 모든 것의 중심에 놓는다는 것이다. 인간이 자신이 간구하는 것을 스스로 행해야 한다고 강조하면서, 인간이 자신의 기도에 책임을 져야 한다는 것이 아니라 이제 인간이 스스로 기도한 것을 성취해야 한다고 한다. 기도 응답은 이제 외적인 존재의 뜻에 달린 것이 아니라 자기 자신이 스스로 하는 행위에 좌우되는 것이다. 이제 자기 자신의 행위는 하나의 프로그램이 되어버린 기도를 능가한다.

그러한 해석은 우리가 살고 있는 현대 사회, 곧 수단의 사회에 꼭 들어맞는다. 우리는 수단기술이 풍부해지기 때문에 수많은 장치, 미디어, 도구, 기구, 조직체 등을 갖추고 있다. 여기서 목적은 점점 덜 중요하게 된다. 수단은 많다. 이 말은 내가 쓸 수 있는 수단이 많다는 말이다. 기도에 관한 그러한 해석은 사실 이러한 말과 같다. "먼저 이 사회가 너에게 부여한 수단을 맘껏 사용해라. 그러면 알게 될 것이다." 달리 말하자면 수단이 많아지면 기도의 성격이 변화된다. 이제 기도는 내 능력의 한계를 인정하고 하나님의 손에 내맡기면서 나의 무력함을 깊이 자각하여 하나님의 도움을 구하고자 하는 것이 아니다. "저 깊은 나락의 심연에서 당신에게 간구하나이다." 그런데 오늘날에는 그런 나락의 심연을 채우거나 빠져나올 수단들이 수도 없이 존재한다. 그러니 왜 하나님에게 간구하겠는가?

기도는 책임회피가 아니라는 말은 정말 맞는 말이다. 이 주제는 조금 뒤에 다시 살펴보기로 한다. 기도는 인간이 할 수 있는 일이 없어서 간구하는 것이 아니라 인간이 할 수 있는 일을 다 마친 후에 하는 것이다. "나는 최선을 다해 싸웠다. 이제 승리는 오직 하나님에게 달려 있다." 그러나 기도는 또한 인간적인 수단들을 내려놓는 것이다. 그것은 내가 극복할수 없는 내 능력의 한계 속에서 겪는 무력함으로 인한 것이 아니라, 모든 인간적인 수단들을 다 내려놓고 아무런 채비 없이 하나님의 손에 모든 것을 맡겨서 하나님이 결정하고 성취하게 하는 것이다.

그것은 게으름과 활동 사이에, 곧 하나님과의 온전한 교제를 잊어버리게 하는 바쁜 소동과 게으른 포기마리아와 마르타 사이에 있는 좁은 길이다. 그 좁은 길은 기도의 두 가지 측면을 보여준다. 그 한 가지는 하나님에게 내가 할 수 있는 모든 일을 다 마쳤다고 고백하는 것이다. 또 다른 한 가지는 진정한 신앙 고백의 하나로 내가 끝까지 최선을 다한 것뿐만 아니라 나의 능력과 주도권조차 내려놓고 하나님의 결정에 전적으로 맡기는 것이다. 이 두 가지는 모두 다 진실한 것이다. 그중 어느 것도 버릴 수 없다. 우리가 비판해온 기도의 개념은 두 번째 것을 버려서 첫 번째 것의 변화를 불러일으키게 한다. 내려놓음의 측면이 사라지면 기도 자체가 변화되는 것이다. 그러면 기도는 이제 주님이 아니라 나 자신을 향하는 것이 된다.

체념

그렇게 되면 거기서 인간은 가장 큰 위선에 다다른다. 예견한 바와 같이 그것은 가장 깊은 진리와 관련이 있다. "아버지의 뜻이 이루어지게 하소서." "나의 뜻이 아니라 아버지의 뜻이." "그러나 내 뜻대로 마옵시고 아버지 뜻대로 하옵소서." 이보다 더 나은 기도가 있겠는가. 이는 가장 고귀하고 심오하고 진실한 기도가 아니겠는가. 신실한 믿음은 결국 이와 같은 내려놓음에 이르지 않겠는가? 모든 기도의 핵심이 여기에 있지 않은가? 여기서 인간은 주님의 독립적인 주권과 권위를 인정하게 되고, 그 선한 뜻에 순종하여 자신을 내려놓으면서, 자신의 믿음의 진정성을 보여준다.

그 깊은 기도가 그 자체로는 진실하거나 진정한 것이라고 할 수 없다. 사실은 남들이 게으르기 때문에 이런 기도를 하는 걸 들은 적도 많고 우리 자신이 그렇게 기도하는 적도 정말 많다. 그것은 믿음이 없는 것이라고까지 말할 수 있다. 그것은 책임회피의 기도이다. 그것은 진정한 의지도 없고 서서 싸우고 일하려는 용기도 없어서 그저 포기하는 것에 지나지 않는다. 어린아이가 아버지에게 모든 것을 맡기면서 포기하는 것은 여러 가지로 애매한 뜻이 담겨있을 수 있다. 교만한 마음과 과도한 자신감을 내려놓는 것은 좋은 것이다. 그러나 그것은 나약함과 무기력과 능력을 최선을 다해 다 쓰고 나서 느끼게 되는 것이 아니라 별 노력도 하지 않고 능력을 발휘하지도 않고 어리석게 시간을 보낸 사람이 겪는 무력감이다 비겁함일 수도 있다.

신앙이 또 하나의 편의를 위한 것에 지나지 않는다는 식의 태도가 그리스도인들에게서 너무도 흔하게 발견되곤 한다. 여기서 기도는 일종의 신앙의 편의를 위한 것에 그치고 만다. 신앙의 극치가 곧 허영심의 극치를 뜻한다. 나아가서 그것은 다음과 같은 의미를 내포한다. "스스로 피곤하게 할 건 뭐 있어. 어쨌거나 하나님은 당신의 임의대로 행할 것이니, 결국 일어나는 모든 일이 늘 하나님의 뜻일 텐데." 이러한 기도에서 우리는 이중적인 죄를 쉽게 포착할 수 있다. 그 하나는 하나님을 근본적으로 신뢰하지 않는 것이다. 하나님은 당신의 뜻만을 행하는 독재자이다. 내가 하나님과 대화할 수 있더라도 내가 말한 것은 결국 아무 소용도 없을 것이다. 결국, 나는 사랑 자체인 좋으신 아버지에 대한 근본적인 불신에서 나오는 기도를 하게 된다. 즉, 나는 독재자에게 나아가서 이렇게 말한다. "아버지의 뜻이 이루어지게 하소서. 어차피 당신은 당신의 뜻대로만 모든 일을 행하니까요. 나는 머리를 숙이는 것 이외에는 아무것도 할 수 없습니다."

기도는 이제 하나님과 삶의 현실 문제를 회피하려고 숨어버리는 수단이 된다. 자신이 하는 일을 발설하지 않으려고 말하는 것이다. 자신이 하는 일에 관해 책임을 지지 않으려고 인간은 모든 것을 거짓으로 하나님에게 위탁한다. 자신의 정체를 숨기고 포장하고 하나님과 공유하는 것이 하나도 없게 하려고 기도한다. 그 기도는 진리를 거부하는 것이기 때문이다.

그러나 또 다른 한편 더 심각한 것이 있다. 나는 범사에 하나님의 뜻을 인정할 마음 자세가 되어있다. 그러다 보면 결국 어떤 일이라도 다 하나님의 뜻이 되어 버린다. 그것은 믿음이 없는 기도이다. 하나님과의 대화나 협조가 불가능하다는 신념에서 연유하는 무관심으로부터 그런 기도가 나온다. 이 기도 방식은 그냥 버림받을 것을 두려워하는 공포에서 나온 것이다.

성서에도 등장하는바 외형상으로 아무리 경건해 보일지라도 이런 방식의 기도는 신뢰하지 말아야 한다. 그 내용은 아주 다양하다. 죄나 사탄은 그런 다양한 내용을 이용하여 자신을 드러낸다. 기도는 그 자체로 성립되는 행위가 아니다. 기도는 어떤 방식이라는 틀에 박혀있을 수 없다. 기도는 예리한 분별력과 의연한 태도가 필요하다.

4. 현대인의 기도 상황

기도에 관한 가장 흔한 통념들, 친밀하고 안정적인 이미지들을 살펴봄으로써 우리는 무얼 했는가? 그것은 단순히 우리의 현재 상태를 확인하고자 하는 시도였다. 우리는 신학자들도 아니고 무신론자들도 아니며 단지 교회의 평범한 신자들이다. 기도는 그런 우리에게 무얼 의미하는가? 우리는 실제로 어떻게 기도하고 있는가? 우리는 어떤 생각으로 기도에 임하는가? 이런 의문들을 통해서 우리 사회에서 기도가 실제로 무엇을 의미하는지 알 수 있게 된다. 가장 순수하고 위대한 영적인 비약의 경험들도, 아주 심오하고도 지성적인 신학적 개념들도 현대인이 점점 기도를 하지 않게 되고 심지어 아주 진지한 그리스도인들조차도 기도에 대해서 어떤 거리낌과 어려움을 겪게 되는 현상 앞에서는 속수무책이다. 여기서 이에 대해 잠깐 살펴본 바와 같은 단편적인 조명들을 가지고 기도가 무엇인지 밝힐 수는 없지만 현대인의 기도의 삶은 잘 보여준다. 그것은 일관성이 없고 모순적인 모습들이다. 그러나 이런 혼란된 모습들이 그 자체로 많은 것을 시사해준다.

나의 기도가 참된 기도가 되는 것은

하나님에게 달렸지

나에게 달린 것이 아니다.

제2장 기도의 기원

기도의 타당성, 확실성, 영속성을 입증하기 위한 것으로 인간의 기도 행위의 근원으로 제시되는 두 개의 이론들이 있다. 이를 단순화시켜서 말하면 하나는 인간의 본성에 근원을 두는 이론이고 또 다른 하나는 하나님의 현존에 기초한 신학적인 원리이다. 이 이론들이 현대에 와서 어떤 의미가 있는지 우리는 자문하지 않을 수 없다. 이어서 우리는 기도를 하나의 언어로 볼 수 있는지 검토해 보려고 한다.

1. 인간 본성론

"인간은 모두가 다 욕망이나 두려움으로 신적인 존재의 도움을 간구한다. 지고의 존재를 더 존중하고 인간의 나약성에 덜 관대한 철학자들이 기도를 통해 구하는 것은 자기 포기이다… 기도하지 않는 종교는 찾아볼 수 없다." 이처럼 말함으로써 볼테르Voltaire는 그 현상이 역사적으로 계속되고 있음을 단언하고 있다. 그 역사적인 연속성 이론에서부터 기도의 근거가 자연적인 본성에 있다는 주장이 나온다. 인간이 지고의 존재나 전능한 존재에게 기도하는 것은 자연적인 본성에 속한다.

인간은 기도하지 않고는 결코 살아갈 수 없었다. 이는 그 존재론적 차원의 문제이다. 자기 자신을 의식하는 시점부터 인간은 기도했다. 어쩌면 그 이전부터인지도 모른다. 선사시대의 벽화들과 조각품들이 기도의 내용을 형상화한 것이라는 점을 인정한다면 말이다. 보편적이고 연속적이었던 것은 우연적이고 우발적인 것과는 구별되어야 한다. 어떤 현상이 계속 반복되었다면, 그 반복되는 현상은 단순한 현상에 그치지 않고 하나의 일반적인 현실이 된다. 인간은 주어진 하나의 본성으로 자기 자신 안에서 기도의 강한 충동을 발견한다.

또한, 기도는 최상의 의사소통이다. 그것은 다만 신비스러운 의사 표현에 그치는 것이 아니다. 의사소통을 하는 존재로서 인간은 기도라는 의사소통의 원형을 필요로 한다. 기도를 자연스럽고 본성적인 현상으로 받아들이게 하는 것은 기도의 역사적인 연속성일 뿐만 아니라 그 존재론적인 현실이기도 하다. 부모가 자녀들에게 기도를 가르쳤다고 자녀들이 평생 모든 존재에 후광을 비추는 초월적인 존재를 향하게 되는가? 아니면 낭만주의자들이 바라본 현실이 우리 앞에 놓여있기 때문인가? 아무튼, 문화 변용 acculturation은 차치하고라도, 어떤 놀라운 자연적인 현상은 우리를 감동케 하여 우리로 하여금 미지의 존재와 대화하게 하지 않는가? 그 미지의 존재는 나 자신도 아니고 나의 이웃도 아니면서 그런 경이로운 자연 현상 때문에 드러나는 존재이다.

바다나 산이나 폭풍우나 황홀한 달빛이나 석양의 붉은 빛 때문에 감동에 들뜰 때에 인간은 창조주의 영광을 노래하게 된다. 그것은 절대적인 존재, 보이지 않는 존재를 향한 기도이다. 기도는 문화에 따라 다양한 형태를 띠지만 그 자발성은 문화적인 차이를 넘어서서 어디나 동일하게 존재한다.

이는 사부아의 보좌신부의 신앙고백이기도 하다.[6] 루소는 틀리지 않았다. 빅토르 위고Victor Hugo는 기도를 인간의 자발적인 행위라는 차원을 넘어서는 것으로 보아, 자연 자체가 하나님을 향한 기도라고 했다.

> 새들은 만물이 부르고 있는 존재를 향하여서
> 인간에 관해 무엇인가를 소곤거리는 듯하면서
> 성스러운 노래로 찬양한다.

　기도는 가슴 속에서 입으로 곧장 올라오는 듯하다. 기도는 인간의 현실 속에서 가장 깊고, 가장 단순하고 가장 직접적이고 가장 본능적인 것이다. 이는 인간이 미지의 존재에게 마치 그 존재가 모든 능력을 지닌 존재인 것과 같이 대화하고, 또한 자신의 말을 듣고 이해할 수 있는 존재인 것과 같이 말하기 때문이다. 그것은 인간이 지어낸 것이 아니라 인간이 늘 체험하는 것이고 인지하는 것이다.
　이것이 기도의 근거를 인간 본성에 두는 첫 번째 변론이다. 그러나 오늘날 우리는 또 다른 현실을 마주하고 있는 것 같다. 현대인은 그런 식으로 자신을 토로하는 것에 그리 공감하지 않는 듯하다. 자연은 사라져 가고 더는 인간에게 영감을 주지 않는다. 기술이 자연을 능가하며 물질적으로 훼손하고 과학은 자연의 신비를 제거하기 때문이다. 인간의 발자국이 그 얼굴 위에 새겨져 있는 이 시대에 달의 여신 이슈타르는 더는 나를 감동시킬 수 없지 않은가? 우리가 살고 있는 현대 사회는 기도에 더는 호의적이지 않다. 사실은 그 반대이다. 오히려 모든 것이 기도를 부정하고 인간에게서

---

6) [역주] 1762년 출판된 루소의 작품 『에밀』은 금방 바티칸의 금서목록에 올라갔다. 그 본문 가운데 사부아의 보좌신부가 '교회가 하나님의 품위를 떨어뜨린다'고 고백하는 장면이 나온다.

기도를 멀어지게 한다.

　기도가 인간의 자연적 본성에서 나오는 것이라고 믿는 사람들은 새로운 종교들의 거대 담론을 접하게 된다. 현대의 정치 운동들이 바로 그런 종교들이며, 여기서 기도는 실제 상황에 연결된다. 히틀러를 향한 나치 청년들의 흥분된 외침이 일종의 기도가 아니라면 무엇이었는가? 예수 그리스도의 이름을 부르며 죽은 그리스도교의 순교자들처럼 수많은 청년들이 히틀러의 이름을 부르면서 죽음을 맞이했다. "독일 국민의 영혼이 깊이 기도하는 가운데 자신을 향하여 올라오는" 소리를 들었다고 한 히틀러의 말은 타당한 말이었다.

　스탈린의 경우에도 마찬가지 현상이 일어났다. 소비에트 라디오 방송에서 끝도 없이 흘러나온 주술과 같은 연설은 일종의 기도였다. "조셉 비사리오노비치 스탈린"이라는 이름을 무한 반복하는 연설들과 이어지는 군중의 박수는 봉헌송이었다. 노동의 효율을 높이고 공산주의를 번성하게 하는 전능한 존재인 스탈린에게 올리는 사실상의 기도문에 해당하는 수많은 문서들이 존재한다.

　오늘날 우리는 모택동에게서 똑같은 현상을 목격하고 있다.[7] 그는 정말 놀라운 기적을 일으킨 것이다. 그는 중국 인민을 종교화하는 데 성공했던 것이다. 원래 중국 인민은 역사적 전통이나 정신적 성향으로는 "지상에서 가장 덜 종교적인 민족"이라고 할 수 있었다. 지금 그들에게 기도는 일상적인 행위가 되었다. 모택동의 이름을 열광적으로 부르고 그 옛날의 부적과 같이 붉은 색의 작은 책을 흔들곤 한다. 거기서 말로 된 내용이 있는 기도들도 발견된다. 사람들은 모택동에게 비가 내리게 해달라거나 병을 물리쳐 달라고 기도한다. 이는 아주 고전적인 기도에 해당한다.

---

[7] [역주] 이책은 프랑스에서 1972년에 처음 출판되었다.

정작 사라져 가고 있는 것은 보이지 않는 하나님을 향한 영적인 기도로서 특히 그리스도교적인 기도이다. 그리고 그것을 대체하여 모든 권력을 행사하는 신격화된 한 사람을 향하는 정치적인 성격의 기도가 생겨났다. 기도의 성격과 대상은 변화되었지만 기도의 현상이 계속되는 것은 기도가 인간의 자연적 본성에서 나온 것이라는 점을 입증하는 것처럼 보인다.

기도의 대상과 내용의 부재

기도의 근거가 인간의 본성에 있다는 그 모든 주장에 대해서는 반론의 여지가 많다. 기도가 정치적으로 변질되었다는 사실을 인정하면서도 말이다. 인류학자들은 그런 현상이 보편적이라는데 대해 분명히 동의하지 않는다. 원시적이라 불리는 수많은 집단들이 과거에 기도를 한 적이 없었고 지금도 행하지 않고 있다. 기도말이라고 할 수 없는데 서양의 관습이나 통념에 따라 기도말이라고 착각했던 말들을 기도로 오인하는 잘못을 우리는 자주 범하곤 했다. 레비스트로스가 묘사한 것처럼 거기서는 자연과의 관계에서도 공동체와의 관계에서도 기도는 존재하지 않는다. 따라서 그 역사적인 계속성은 기도가 인간의 자연적 본성에 기인하고 현실의 위기를 넘어 지속된다고 확증하는 근거가 될 수 없다.

현대인이 하나님에게 기도하지 않는 것은 우발적인 현상에 불과하고, 인간의 자연적 본성이 결국 인간으로 하여금 기도하게 할 것이라는 주장은 아무런 근거가 없다. 나아가서 기도를 유발하는 것이 무엇인지 분명히 할 필요가 있다. 인간 본성에 의해 기도하게 되는 것인가 아니면 어떤 특별한 상황에 따른 것인가? "인간은 모두가 다 욕망이나 두려움으로…"라는, 위에서 인용한 볼테르의 말이 그 점에 대해 시사하는 바가 있다. 인간이 스스로의 힘으로는 얻을 수 없는 어떤 것을 구할 때 인간은 기도한다. 그것을 줄 수 있을 것이라고 여겨지는 어떤 존재를 향해 인간은 간청한다. 자신의 능력으로는 벗어날 수 없는 어떤 두려운 것이 있을 때 인간은 기도한다.

언제나 욕망과 두려움을 가질 수밖에 없는 존재이기에 인간은 언제나 기도할 것이라고 말할 수 있다. 어쩌면 그럴지도 모른다. 그러나 여기서 우리는 기도가 인간의 본성에 기인하는 것이 아니라 인간이 처한 상황 조건에서 나온다는 점을 놓치지 말아야 한다. 인간의 상황이 변화한다면, 스스로 자신의 욕망을 만족시킬 수 있다면, 두려움을 스스로 극복할 수 있다면, 인간은 더는 기도하지 않는다. 그렇다면, 기도는 보다 더 확실한 능력을 대신하는 것에 불과하거나, 불안정한 상황에 대한 일시적인 미봉책에 지나지 않는다. 이런 관점에서 보면 기도는 그 이외에 별다른 방편이 없기 때문에 하는 것이 된다. 인간 본성을 기도의 근거로 볼 때 나올 수 있는 결론은 흔히 하는 이런 말과 같다. "그게 유익한 건 아니라 해도 유해한 것은 아니잖아." 그것은 우발적으로 나온 기도이며 한마디로 신앙이 없는 기도이다.

그러나 거기에 덧붙여서 우리는 마르크스와 니체와 프로이트 이래로 오래전부터 "회의의 시대"에 살고 있다. 회의적인 태도는 기도에도 분명히 영향을 미치고 있다. 우리는 인간이 기도하는 대상으로 아무 대상이나 가리지 않았고, 인간이 신이라고 생각했던 대상은 두려움에서 비롯된 우상이었으며, 기도의 대상이 또한 자기 자신으로서 자신의 심연을 지향하기도 한다고 생각하게 되었다. 기도가 인간의 본성에 기인한다는 관점에서 보면 기도는 부적이요 마법이요 행운을 부르는 물건과 같다. 그것은 일종의 정당방어로 자발적으로 취하는 도구와 같다. 그런데 바로 그 자발성이라는 것이 기도를 무용한 것으로 만든다. 기도가 광적인 열정과 공포에 물든 마음에서 무분별하게 나오는 것이라면 그 기도는 완전한 불신의 기도요 실제 목적도 대상도 없는 허망한 것에 지나지 않는다. 기도가 인간의 자연적 본성에서 비롯된 것이라면 인간은 기도의 대상을 자신의 본성에 따라 임의로 만든다. 기도는 이제 대상도 내용도 없는 공허한 말에 지나지 않는다.

오늘날 인간의 자연적 본성이라는 개념 자체는 거의 소멸되었거나 완전히 의문시되고 있다. 반세기 전만 해도 자연적 본성에 근거를 둔 이론은 확실하다고 기대할 수 있었다. 오늘날은 전혀 그렇지 않다. 인간 본성에 대해 말하는 것은 이제 아무 의미도 없다. 일반 해석학은 우리에게 인간 조건은 일종의 암호해독에 달려있고 또 이 암호해독이 지속될지는 아무도 장담할 수 없다는 점을 말해준다.

심리적 치유 수단

기도의 대상이 없는 기도. 거기서 기도의 근거를 인간 본성에 두는 또 다른 논거가 나온다. 그런 기도는 두려움이나 희망조차 넘어서는 지속적인 심리적인 필요에 따르는 것이다. 이는 기도가 어떤 내용을 담고 있다거나 본성을 표현하기 때문이 아니라 기도의 유용한 기능을 인정하는 것이다. 이는 곧 기도 행위라는 그 자체를 중시하는 것이다. 기도의 대상이 신이거나 신의 부재인 것이 문제가 아니고, 그 기도 내용이 어떤 것인지도 상관이 없다. 기도에는 정화하고 치유하는 기능이 있다.

1936년에 카렐 박사는 그 이론을 심도 있게 발전시켰다.[8] 인간은 모든 종류의 정신적인 어려움들이 기도하는 중에 놀랍게 치료되는 걸 발견했다. 기도로써 인간은 갈등을 해결하고 원한을 버리고 부정적인 콤플렉스들을 치유하고 정신적인 균형을 회복한다. 기도하기로 결단하고서 마음을 준비하고 내적인 평화에 머물고 묵상을 위해 집중하고 몸을 이완시키는 자세를 취하고 양손을 모으고 무릎을 굽히는, 그 모든 행위가 정신적인 삶에 유익하다. 자신의 어려움들을 단순히 토로하고 말로 설명하고 꺼내놓는 것 자체만으로도 그 어려움들이 완화되거나 없어지는 경우가 흔하다. 그렇게 기

---

8) 알렉시스 카렐(Alexis Carrel), 『기도』*La Prière*, 1936.

도는 분명한 정신적 효과를 불러일으킨다.

　진정한 응답은 외부의 세력으로부터 오지 않고 기도 행위 자체 안에 이미 내포되어 있다. 이는 치유가 중요한 것이기 때문이다. 이는 자기 자신에게 스스로 개입하여 분노와 공격성을 내려놓고 진지한 성찰과 묵상으로 자신을 승화시키고 새로워진 시각으로 차근차근 현실을 타개하여 균형을 이루는 것이다. 그러한 기도의 유용성을 더 부연할 필요는 없다. 우리가 말할 수 있는 것은, 한편으로는 그것이 확고한 사실로 보인다는 점이다. 기도가 치유적인 역할을 하는 것은 맞다. 그러나 그 사실은 동시에 기도의 취약성을 노출한다. 모든 치유방법이 그러듯이 기도를 능가하는 또 다른 치유방법이 생겨나게 된다.

　만약에 기도가 심리적인 행위의 기술에 지나지 않는다면 그 기술은 언젠가는 폐기처분될 것이다. 이는 오늘날 한 세기 전에 있었던 외과 수술 기술을 더는 사용하지 않는 것과 같은 이치이다. 인간은 정신 이상 증세에 대한 치료법으로 심리적인 정화와 보상 방법을 만들었다. 그러나 모든 옛날의 치료법들은 세월이 지나면 폐기되었다. 오늘날 훨씬 더 효과적인 방법들이 기도의 치유 기능을 대신할 수 있다. 정신과 치료나 심리분석이나 신경안정제는 기도보다 훨씬 더 깊고도 확실한 결과를 가져올 수 있다. 그렇다고 심리 치료에서 기도가 이용되거나 추천될 수도 있는 가능성을 배제하기 어렵다. 그러나 여기서 기도는 더 나은 도구를 찾고 있는 동안 현재 이용 가능한 하나의 도구에 불과할 뿐이다. 기도는 일반 심리 치료 전략의 한 부분에 그치게 된다. 치유의 기능을 기도에 귀속시킴으로써, 기도의 기반을 더 확고하게 하고 기도의 영속성과 미래를 보장하기는커녕 기도의 취약성과 일시성만을 부각시키고 말았다. 기도가 단지 치유를 위한 것일 뿐이라고 한다면, 현대인들이 더는 기도하지 않는다는 사실은 역으로 그들이 기도보다 더 나은 치료법을 가지고 있다는 걸 의미한다고 볼 수 있다.

자기몰입적인 독백

기도가 인간의 본성에 기인한 것이라거나 인간의 필요에 따른 것이라는 주장은 결론적으로 확실한 근거가 없다. 오히려 정반대이다. 물론 여기서 나는 기도가 인간의 본성적인 욕망이나 상황 조건에 부응하는 것이 아니라고 말하려는 것은 아니다. 그것은 분명한 것이다. 그러나 여기서 우리가 유념할 점은 그런 말이 기도에 아무런 가치도 영속성도 부여하지 못한다는 것이다. 기도가 그런 것이라면, 기도는 이미 끝나버린 일시적인 현상에 그치고 만다. "기도는 인간의 본성에 기인한 것이므로 영원히 지속될 거야."라는 말은 어떤 확신도 주지 못한다. 그런 말은 정말 아무런 근거도 없다. 그래도 기도가 그런 것이라고 한다면 과연 우리가 기도가 계속 되기를 바라는 이유는 무엇일까? 인간의 마음에서 나오는 표현으로 어떤 사물이나 사람에게 하는 것이 아닌 담화의 형태로 하는 자기몰입적 독백을 기도라고 할 수 있을까? 인류학자가 아닌 바에야 내가 돌로 불을 붙이는 방법에 관심을 가질 필요가 있는가? 자기몰입적 독백으로서의 기도는 일시적인 것으로 아무런 의미가 없다. 물론 자기몰입적 독백 자체는 사람들에게 의미가 있었고 나름의 역할을 수행했다. 하지만 그 역할은 쇠퇴해 가고 있으며 점점 비중이 약해지고 있다.

기도를 인간 본성적인 관점에서만 보아야 한다면, 기도가 쇠퇴해 가는 현상에 대해 사회학적으로 확인하는 일만 남아있다. 기도 자체를 고려한다면 기도에는 다른 차원이 있음을 알아야 한다. 기도가 하나님과의 관계를 맺는 것이라면, 기도의 쇠퇴 현상은 더 큰 차원의, 어쩌면 상당히 심각한 차원의 문제가 된다. 그와 동시에 그것은 기도가 그 자체로는 어떤 의미도 가질 수 없었고 인간의 욕망이나 두려움, 필요에 따르지 않았다는 것을 의미한다. 기도의 의미와 내용은 기도의 수신 대상으로부터 주어지는 것이었다. 그러니 기도의 수신 대상을 아는 것이 절대적으로 필요하다. 기도의 영속성은 바로 수신자의 영속성에 달려 있기 때문이다. 그러므로 기도의 대상은 별 상관없는 존재가 아니라 결정적인 존재이며, 기도가 몸의 자세나 내적인 침묵의 차원을 넘어서게 하는 존재이다. 기도의 근거를 자연적 본성에서 찾으려는 시도는 아무런 진전도 아무런 소득도 이루지 못한 채, 혼란만을 초래했다.

2. 종교적인 접근

인간 본성에 기인한 것이 아니라면 기도는 깊은 종교적인 동기에서 나온 것임이 분명한 듯하다. 여기서 내가 종교적이라고 말한 것은 종교나 신앙을 대조적인 것으로 구분하려는 뜻이 아니다. 왜냐하면, 기도가 모든 종교에서 발견되고 또한 본질적으로 종교적인 행위로 여겨지기 때문이다. 그러나 나는 여기서 그리스도인들의 기도에 관해서 말할 것이다. 이는 그리스도교도 하나의 종교인 이유에서다. 이제 기도에 관해 널리 알려진 개념 정의들을 살펴보자.

파스칼

먼저 파스칼의 유명한 말이 있다. "왜 하나님은 기도를 제정하였는가? 첫째로, 피조물들에게 인과율의 존엄성을 알리기 위함이다. 둘째로, 우리가 본받아야 할 덕을 가르쳐주기 위함이다. 셋째로, 우리가 노동을 통해서 공덕을 쌓게 하기 위함이다."『팡세』*Pensées* 121 이 말은 기도의 가장 중요한 세 가지 요점들을 보여준다.

하나님은 모든 존재의 최고 원인자이므로 인간은 부수적인 존재에 지나지 않는다. 인간은 실제 책임자가 아니다. 모든 존재는 제1원인자의 행위에 따른 결과라는 원리에 인간 역시 종속될 수밖에 없기 때문이다. 인간은 하나의 대상에 지나지 않기에 존엄하지 않다. 그러나 하나님은 당신의 피조물이 자유롭고 책임 있는 주체가 되길 원했기에 그런 상황을 그대로 용인할 수 없다. 그래서 하나님은 인간에게 하나님을 움직이는 수단을 부여한다. 그 수단은 인간으로 하여금 제1원인자에게 동기부여를 해서, 하나님의 원인자가 될 수 있게 한다.

지복을 누리고 하나님의 말씀을 따르는 덕을 우리는 우리의 자연적인 본성으로서 당연히 우리에게 속한 것으로 보려고 한다. 기도는 바로 여기서 우리의 그런 생각을 제어하고 우리를 심판하는 존재 앞에 우리를 서게 하여 우리 자신 안에는 어떤 덕도 없는 것을 깨닫게 한다. 그걸 깨달음으로서 우리는 하나님 앞에 우리가 어떤 존재인지를 알게 되고 타락한 존재인 우리에게 덕을 가질 수 있게 하는 것이 얼마나 놀라운 기적인지 인식하게 한다. 이제 우리는 그 덕이 우리에게서 나온 것이 아님을 인정할 수밖에 없게 된다. 그러나 결국에 가서 우리는 덕의 길에 들어서게 된 것이다.

하나님이 우리에게 덕을 허락한 것은 그 덕이 우리에게 좋은 점이 있기 때문이기도 하다. 그 좋은 점은 우리의 선량한 의도에 기인한 것이거나 우리가 한 선한 일로 인한 것이거나 우리의 정의로움 때문은 전혀 아니다. 파스칼은 이점에 대해 아주 훌륭한 말을 하고 있다. 그것은 "노동을 통해서"라는 말이다. 이 말이 가리키는 것은 바로 기도이다. 신실하고 견고하고 쉬지 않는 기도는 하나님 앞에서 계속하는 노동이다. 그 기도에 대한 응답으로 하나님은 우리에게 덕을 부여한다.

파스칼의 글은 훌륭하다. 그러나 그 글이 오늘날의 우리에게 무슨 의미를 준단 말인가. 공덕이란 무엇을 뜻하는가? 아주 오래 전에 이 주제에 관한 신학적 논쟁은 끝났다. 아주 오래 전에 서양인들은 하나님 앞에서 더는 공덕을 세우려 들지 않았다. 덕이란 무엇을 뜻하는가? 그 단어나 그 구체적 행위는 이 시대 사람들의 정신세계에는 존재하지 않는다. 덕은 편협하고 성마르고 까다로운 노파들이나 찾는 말이다. 덕은 높이 달린 초상화 액자 속에서 목에 칼라를 세운 할아버지가 준엄한 눈길로 손자들이 저지르는 악행을 심판하는 것이다. 덕은 따르뛰프[9]와 그의 뒤를 이은 부르주아들의 위선에 불과하다. 그런 것들이 덕에 관해서 현대인이 알고 있는 전부이다. 기도를 덕과 연관시키는 것은 더는 아무런 의미가 없다.

애석하게도 인과율에 관해서도 사정은 마찬가지이다. 인과율은 과학계에서는 그 의미가 변했다. 더는 최고의, 제1 원인자의, 궁극적인 원인이란 개념은 없다. 인과율은 더는 외부의 개입에 좌우되지 않는다. 하나님을 그런 존재로 더는 인정하지 않는다. 정확한 제약 조건들로 설명되는 과학의 세계에서 사람들은 인과율의 준엄성을 결코 인정하지 않는다. 모든 것은 우연과 필요의 결합에 지나지 않는다. 기껏해야 우리는 가끔 체계를 이용하여 인과율을 수정할 수 있을 뿐이다. 이렇게 파스칼의 묵상은 더는 의미가 없게 되었다. 만약 기도가 그런 것이라면….

바르트

이제 칼 바르트가 한 말을 고찰해보려고 한다. 왜냐하면, 깔뱅이나 루터나 파스칼이 우리에게 기도의 근거를 제시하여 기도를 고취시키지 못하는 것은 시대와 문화와 어법의 문제라고 생각할 수도 있기 때문이다. 여기서 바르트의 사상을 다 요약할 수는 없고 두 가지 중요한 말을 되짚어 본다. "기도는 우리를 향한 하나님의 다함이 없는 은총이다", "기도 속에서 하나님은 우리를 하나님과 함께 살도록 초대한다."[10]

하나님은 은총을 내린다. 그러나 그 은총은 우리를 영적으로 영원히 구

---

[9] [역주] 1664년에 베르사이유 궁전에서 시연된 몰리에르의 희곡 「따르뛰프」 *Tartuff*에서 몰리에르는 주인공 따르뛰프를 통하여 부르주아의 위선을 풍자한다.
[10] 칼 바르트(Karl Barth), 『기도』 *La Prière*, 1949.

원하는 것일 뿐만 아니라, 우리가 지상에서 인간으로서의 삶을 살아가게 하는 것이다. 인간의 삶은 하나님이 인간에게서 기대하는 역할을 충족시킬 때에만 영위될 수 있다. 그러나 우리는 하나님이 실제로 우리와 함께 할 때에만 이 임무를 감당할 수 있다. 일반적인 이론상으로 함께 한다거나 추상적으로 그 사실을 아는 것만으로는 부족하다. 그것은 구체적으로 실현되어야 하고 삶에서 함께 행하는 가운데 나타나야 한다.

그것은 기도로써 가능하다. 하나님은 당신을 우리 아버지로 부르도록 허락한 우리의 기도 속에서 현실적으로 우리 수준에 맞게 우리에게 가까이 임한다. 나아가 하나님은 당신을 우리 뜻에 맡기기까지 한다. 그것이 바로 "하나님이 우리와 함께"라는 말의 정확한 뜻이며, 바울이 빌립보서에서 말하는 "하나님의 비움"의 뜻이다. 바로 그것이다. 기도가 "하나님의 낮아짐"에 있지 않다면 기도는 성립되지 않는다. 기도의 표상이자 표현인 "함께 한다"는 것은 인간이 신격화되는 것이나 승화되는 것이 아니기 때문이다.

기도는 인간이 변화되는 것이 아니다. 기도는 인간에게 내려오는 하나님의 가까운 현존을 입증하는 것이다. 여기서 기도는 "하나님의 다함이 없는 은총"이라는 말로 표현될 수 있다. 그 은총은 구원이나 저주를 내릴 수 있는 군주의 은총이 아니라 우리에게 내려옴으로 인간의 모습으로 성육신하는 분의 은총이기 때문이다. 하나님의 그 행위는 저 멀리 초월적인 것이 아니다. 기도는 우리와 함께하는 하나님을 증언하는 것이다. 기도는 하나님의 허락으로 우리가 하나님과 대면하여 말하는 것이다. 기도를 통해서 하나님은 하나님의 계획에 인간이 관여할 수 있게 한다. 기도를 통해서 우리는 "하나님의 동역자"고린도전서 3:9가 된다.

그 모든 것은 우리에게 기도에 관해 많은 것을 밝혀준다. 여기서 우리는 누구인가? 신학자는 아니라 할지라도 적어도 그리스도인으로서의 삶에 충실하고 하나님의 계시를 깊이 묵상하는 사람이어야 할 것이다. 그러나 그것으로 충분한가? 기도하는 열의가 있고 현실에 대한 이해가 있어야 하지 않을까? 아니, 그것으로는 결코 충분하지 않다. 무상의 선물인 은총을 받아들이지 않은 채로 세상에서 살고, 아가페의 사랑에 대해 무지하고, 늘 더 많은 것을 획득하려고 하고, 항상 이기고 탈취하려 하고, 권력의 표상만을 존중하는 사람에게 그런 기도가 무슨 의미가 있겠는가? 그런 기도가 아니고 그런 방식으로 행해지지 않는다면, 기도는 아무런 의미도 없다.

기도는 "하나님이 우리를 하나님과 함께 살도록 초대"하는 것이라는 말은 고정된 교리보다 우리의 실정에 훨씬 더 가깝다. 기도는 "실존적"이다. 그런 면에서 기도는 이 시대와 이 문화를 사는 사람에게 원칙적으로 적합하다. 그러나 그것이 현대인에게 기도할 계기를 제공해주는 것은 아니다. 하나님과 함께하는 것은 현대인에게는 완전히 낯선 현실이다. 기도를 실존적으로 이해하는 것은 기도의 본질적인 개념에 더 쉽게 접근할 수 있게 하지만 그것이 기도의 실상은 아니다. 기도에 대한 가장 최근의 관점도 이 부분에서는 결정적인 영향을 미치지 못한다. 이 모든 해석들이 우리 시대의 사람들에게 아주 낯선 것이라는 점을 확인할 수 있을 뿐이다.

신학의 한계

기도가 "종교 생활의 중심"이라는 말이 현대의 새로운 종교들에 가담한 사람들의 태도 속에서 실제로 구현되고 있다는 점을 우리는 보았다. 그러나 그런 기도는 예수 그리스도의 하나님이 원하는 기도와는 아무런 공통점도 없다. 그 기도는 순전히 인간적인 것으로 선물이 아니며 함께하는 것이 아니고 인과율에 참여하는 것이 아니다. 그것은 하나님을 대체하는 우상을 숭배하는 행위이다. 그러나 서구 사회에서 사람들은 하나님을 대체하는 것들만을 볼 수 있고 인지할 수 있다. 그리스도 안에서의 기도는 살아있는 하나님의 현존에 의지한다는 것은 사실이다. 그러나 그 사실은 현대의 인간에게는 낯설고 무의미하고 모순적인 것으로 보인다.

그것을 단순히 어휘의 문제라고 볼 수 있을까? 현대인이 하나님이라는 개념에 더는 익숙하지 않고, 살아계신 하나님이나 은총과 같은 단어들이 현대인의 언어 세계에는 존재하지 않기에, 전하는 내용이 제대로 표현이 되지 않아서 더는 전달되지 못하는 것인가? 그래서 기도의 진정성을 복원하고 기도의 부름을 재현하는데 어휘만 바꾸면 충분할까? 그건 결단코 아니다. 기도에 관해 사람들이 원하는 바대로 현재 사용되는 단어로 말할 수 있다. 그렇다고 사람들이 기도를 좀 더 진지하게 받아들이는 일은 없을 것이다. 사람들은 여전히 기도를 난해한 것으로 여길 것이다. 또한 기도를 하려는 사람들도 거의 없을 것이다.

한발 더 나아가서 그것은 문화의 문제라는 주장도 할 수 있을 것이다. 그래서 현대인이 접하는 세계의 이미지들이 바뀌었기에, 언제나 현실은 계속되지만 그 현실을 해석하는 방식이 거기에 부합되지 않는 것이라고 할 수 있다. 달리 말하자면 기도의 문제는 해석학의 문제라는 것이다. 이 주장에 동의할 수 있을까? 과연 무엇에 관한 해석학을 말하는가? 계명과 기도의 모범과 기도의 요청을 담은 하나님의 계시에 관한 걸 말하는가? 그렇다면, 계시를 재해석하고 비신화화하기라도 하면 사람들이 기도의 자극을 받게 될까?

여기서 우리는 해석학의 한계를 접하게 된다. 해석학이 하나님이 말씀한 진리를 현대인에게 맞는 용어로 명확하게 다시 표현할 수 있다[11] 할지라도, 그 진리를 더욱 진리답게 하여, 현대인이 그 진리에 더 쉽게 동조하

---

[11] 여기서 나는 해석학 문제에 관한 논의를 하고자 하는 것이 아니다. 사실 하나님의 계시를 그 내용을 놓치지 않고 명확하게 다시 표현할 수도 있을 것이고 현대인에게 맞는 이미지나 개념을 찾을 수도 있을 것이고, 현대인이 그걸 필요로 할 수 있을 것이다. 그런데 그 모든 것이 확실한 것은 아니다.

게 할 수도 없고, 인간의 삶에서 구체적인 효과들을 내게 할 수도 없을 것이다. 내 생각은 그 반대에 가깝다. 해석학적인 작업이 진행되고 나면 사람들은 고전적인 개념들─아마도 사람들에게는 더는 아무런 의미가 없지만, 이미 익숙해져 있는─과 새로운 개념들─이해하기가 아주 어렵고 왜곡해서 받아들일 가능성이 농후한─ 사이에서 혼란스러워 하게 될 것이다. 해석학적인 작업은 결국 신앙을 더 떨어뜨리고, "불성실한 신자들"을 내적으로 무너뜨리고, 그리스도인들에게 미지근한 반응과 무관심을 불러일으킬 것이다. 그리스도인이 아닌 식자들 사이에는 조금 냉소적이고 회의적인 반응이 일어나게 될 것이다.

그러나 해석학의 또 다른 두 번째 방식도 가능하다. 그것은 인간이 기도한다는 사실 그 자체를 재해석하는 것이다. 모택동 숭배와 체게베라 숭배와 같은 새로운 형태의 현대 종교에서도 기도가 등장한다. 그러나 그와 같이 인간 본성에서 나온 것은 우리가 살펴본 바와 같이 그리스도교의 기도와는 근본적으로 맞지 않고 미흡하다. 해석학적인 그 어떤 시도도 그렇게 인간 본성적으로 새롭게 생겨나는 기도와 예수 그리스도가 우리에게 요구하는 기도 사이에 존재하는 모순과 연속성의 단절이라는 문제를 해결할 수 없을 것이다. 그리스도 안에서의 기도가 순전히 인간의 자발적인 기도의 필요성에서 나온 행위라고 가정을 하지 않는 한, 해석학은 그 연속성을 다시 수립할 수 없다. 하지만 그러려면 자발성과는 완전히 모순되는 기도의 특성들이 어떻게 성립되는지 규명해야 할 것이다. 편의상 그것들을 아예 부인해 버릴 수도 있다. 그러나 그것은 기도할 계기를 불러오는 것이 아니라 계시와의 단절만을 초래할 것이다. 사람들이 그러한 해석학적인 연구에 그 어떤 역할을 부여한다 할지라도, 기도는 해석학이 다룰 문제가 아니다.

서구인이 그리스도의 기도에서 멀어지는 것은 기도의 이미지와 개념들이 변화되었기 때문이 아니라 전체적인 삶ㅡ나는 전체적인 삶이라는 단어 사용을 고

집한다의 문제와 존재의 실종으로 인한 것이다. 문제의 핵심이 거기에 있다. 이 주제는 뒤에 가서 다시 다룰 것이다.

우리는 이제 신학적인 연구로서 기도에 관한 훌륭한 개념 정의들을 얻을 수 있고 기도의 본질을 알 수 있고 기도에 관련된 계시의 의미와 계시 안에서의 기도의 위치를 밝힐 수 있다는 결론에 이르렀다. 그것은 우리에게 사람들이 기도할 때 하는 행위를 정확하게 설명해준다. 그러나 신학적인 연구는 인간이 기도하지 않을 때의 문제를 해결하는 데는 전혀 도움을 주지 않는다. 그것은 인간이 왜 기도하지 않는지, 인간이 "기도의 존재"로서의 자신을 회복하려면 어떻게 해야 하는지 우리에게 말해주지 못하며, 인간이 기도를 시작하려는 의지를 가지도록 방향과 의미를 제시해 주지도 못한다. 기도하지 않는 사람들 앞에서 신학은 모든 권한을 상실한다. 하지만 그것은 사람들이 기도에 관해서 끊임없이 얘기한다는 중요한 사실을 확인시켜 준다.

철학자, 사회학자, 신학자는 기도를 주제로 해서 훌륭한 이론들을 내놓을 수 있다. 그러나 사람들이 기도하지 않을 때 그것은 아무런 의미도 가지지 못한다. 달리 말하자면 기도는 그 자체로는 존재하지 않으며, 인지하고 확인할 수 있는 실체가 되지 않는다는 점을 알아야 한다. 오직 기도하는 사람들만이 존재할 뿐인 것이다. 그것이 기도의 유일한 실재이다. 기도 자체에 대해서가 아니라 기도하는 사람이 하는 행위를 얘기할 수 있다. 사람들이 기도하지 않을 때 기도에 관련된 모든 변론들은 사람들에게 아무런 의미도 없다. 그것이 바로 더 좋은 기도말을 찾고 더 나은 신학적인 이론을 찾는 것이 아무런 도움도 되지 못하는 이유이다. 우리가 더 견고한 근거를 찾고 계시를 더 분명하게 밝힌다고 해서 기도가 더 절실하게 되거나 더 긴급하게 되거나 더 긴요하게 되지 않는다.

신학적인 정확성은 그리스도인이면서 기도의 길을 가고 있는 사람에게 확신을 더할 수 있고, 기도해야 할 새로운 동기들을 제공할 수 있다. 해석학은 사람이 기도할 때 무얼 하는 지 분명하게 밝혀줄 수 있다. 그러나 그중 어느 것도 기도하지 않는 사람을 기도하게 할 수는 없다.

3. 기도의 언어

기도의 위기는 사용하는 어휘의 문제인가? 그것은 언어의 위기와 관련이 있는가? 오늘날 모든 것이 언어 문제로 귀착되고 있고 기도할 때 언어와 단어들과 구문을 사용하는 것은 명백한 사실이기 때문에 그 문제는 분명히 짚고 넘어가야 한다. 우리는 사람에게 말하듯이 하나님에게 말한다. 그래서 먼저 기도는 언어학적 분석 대상이 되고 그 결과로 기도의 행로는 언어의 행로와 함께하게 된다. 혹자는 언어의 현대적 연구는 기도의 스타일을 변경시킬 것이고 기도 내용을 새롭게 할 것이라고 주장한다.

기도를 언어로 보게 되면서 우리는 기도에 대한 무관심과 불안과 망설임을 이해할 수 있게 된다. 사람들은 부적절한 언어로 시대에 뒤떨어진 의미를 표현하는 것이다. 그들이 그 사실을 분명하게 인식하지 못하고 있다 할지라도 그들은 "뭔가 잘 안 돌아간다"는 걸 느낀다. 전통적인 기도^{전례적인} 것이 아니라도 암송하는 것이면 여기에 포함됨는 본질주의적 언어를 사용하므로, 거기서 쓰는 어휘는 실존주의적인 사회에서는 더는 통용되지 않는다. 실존주의적 사회에서 실존주의는 철학일 뿐만 아니라 인간이 처한 상황에 따르는 사고방식이다. 이는 기도가 쇠퇴하고 그 결과로 기도에 무관심하게 되는 이유이다.

현대인에게 "그것"[12]은 아무런 의미가 없다. 그런데 "그것"은 기도 자체

---

12) [역주] 여기서 엘륄이 사용한 프랑스어 '그것'(ça)은 프로이트가 말하는 '이드'(id)에 해당하는 정신분석학적 용어이다. 엘륄은 인간 본성의 잠재적 혹은 무의식적인 충동을

가 아니라 그 표현방식과 언어를 보여 준다. 만약에 기도에 미온적인 이유가 그런 언어적인 것이라면 언어 분석은 거기에 대한 해결책을 제공할 것이다. "기도의 언어를 새롭게 하라. 아니 그냥 오늘날의 언어가 의미하는 것을 알아차리기만 해라. 그러면 여러분의 기도에 활력과 생기와 신선함이 생길 것이다."

언어의 문제들

언어에 관련된 모든 문제에서와 같이 여기에는 다양한 의미가 있는 것 같다. 먼저 엄밀한 의미의 어휘의 문제는 차치하자. 모든 종교 행위, 설교, 성서 번역, 기도, 전례에서 사용되는 말들을 점검하여 수정해야 한다. 어떤 말들은 정말 낡아빠진 것이고, 어떤 말들은 오늘날 그 뜻이 다르다. 그건 그리 큰 문제가 아니다. 그리 어려운 것도 아니다. 자발적인 기도를 하는 경우에는 개개인이 각자 적당한 말을 찾아서 스스로 수정할 수 있을 것이다.

여기에 반대하는 사람들은 어릴 적부터 종교적인 것에 관한 일정한 어휘들을 수반하는 이미지와 개념들을 수용해왔기에 자신들에게는 그 일이 불가능하다고 주장한다. 그 어휘들은 더는 아무 의미가 없다. 사람들은 예배와 영적인 삶에 참여하기를 그만둔다. 바꿀 수 없는 그 개념들과 이미지를

뜻하는 이 용어를 통해서 정신분석학이 인간의 의식을 분석한다면서 오히려 개인의 인격성을 저해하는 점을 지적한다. 즉 정신분석학이 이념과 분리된 "그것"으로 인간을 사물화하여 분석한다고 그는 말한다.
엘륄은 이 책이 나온 9년 뒤인 1981년에 출판한 『굴욕당한 말』(대장간역간, 2014)의 4장에서 언어를 극단적으로 분석하는 언어학자나 정신분석학자를 비판하면서 이 용어를 사용한다. 엘륄은 그들이 해부학자가 죽은 시체를 해부하듯이 언어를 분석해서, 영혼과 인격이 세서된, 의미 없는 말들을 늘어 놓는다고 시석한다. 엘륄에게는 개인의 인격성이 실리지 않은 말은 익명의 타인들이 내는 공허한 소음과 같다. 이책의 3장 '언어와 분석'이라는 소단원에서 엘륄은 언어분석의 극단적인 풍조를 언급하면서 다시 이용어를 사용하고 있다.

통해서만 사람들은 그것들을 인식할 수 있게 되기 때문이다. 언어의 어휘를 포기하는 것은 개념들과 이미지를 포기하는 것이고 이는 영적인 것과 계시를 포기하게 한다. 인간이 언어의 어휘를 바꿀 수 없는 것은 그 개념들과 이미지를 바꿀 수 없기 때문이다.

이런 분석이 나에게는 전혀 납득이 되지 않는다. 하나의 예만 들어도 충분하다. 그것은 사랑이다. 오늘날의 젊은이들은 자기들끼리 아주 새로운 어휘로 사랑에 관해 말하곤 한다. 그들은 자신들이 만들어내고 개발하여 그들 자신의 것이 된 어휘를 사용한다. 그들은 아무한테도 배우지 않은 그 어휘를 통해서 서로 의사소통을 한다. 그러나 그들에게는 이미 어린 시절부터 사랑에 관해서 또 다른 어휘로 표현된 개념들과 이미지들이 많이 형성되어 있다. 이런 "문화 변용acculturation"은 그들 자신들만의 어휘를 찾아내서 자신들의 견해와 경험을 말하는 것을 방해하지 않는다. 스스로 의식한 것은 아닐지라도 그들은 아마도 사랑에 관한 개념들도 새롭게 했을 것이다.

그래서 나는 이런 말을 하고 싶다. 기도의 위기가 언어와 어휘의 문제이고 기도는 곧 언어라고 할 때, 그리스도인들이여기서는 그리스도인들과 그리스도인의 기도가 주제로 다루어지고 있다 스스로 대처하게 하면, 사전 조사와, 개념들과 문장구조에 대한 면밀한 분석을 하지 않는다 해도, 자신들이 적절한 어휘를 잘 찾아낼 것이다. 그런데 우리가 다루고 있는 것이 그 문제라는 것이 확실한가? 일정한 범위를 정하는 것이 좋겠다.

여기서 내가 뜻하는 언어는 구어로서의 언어이다. 나는 이 말에 흔히 적용하는 폭넓은 개념유행 언어, 영상 언어 등등을 적용하지 않을 것이다. 기도는 실제로 구어로서의 언어를 많이 벗어난다. 개신교에서는 그 사실을 가끔 망각한다. 향을 피우는 기도, 종을 울리는 기도, 춤을 추는 기도, 몸짓으로 하는 기도 등이 있다. 마이요[13])가 구약에서 기도를 가리킬 때 사용되는 단어들이 어떤 행동을 뜻하는 동사들에서 유래된 것이라고 지적한 것은 정말 맞는 말이다. 그 예로 자르다couper, 예배 중에 삽입되는 것, 어루만지다caresser, 신적인 이미지?, 엎드리다se prosterner, 뛰어오르다sauter 등의 동사들을 들 수 있다. 몸의 동작들이 말로 기도하기 전에 선행하는 것이다. 그러나 이 모든 사실을 근거로 과연 기도는 언어라고 할 수 있을까?

여기서 우리는 기호signe–기표signifiant–기의signifié의 고전적인 분석을 참조해야 할 것이다. 이에 따르면 사람은 기호를 통해 무엇인가를 알리기 원한다. 그것은 일종의 상징화로 이어진다. 그런데 문제가 있다. 그것은 기표인가? 기표가 성립하려면 기호를 전달받는 사람이 그 내용을 알고 그것이 가리키는 것을 알아야 하고 거기서 기의가 그에게 드러나야 하기 때문이다. 그러므로 기호는 일종의 사전 동의가 있어야 한다고 말할 수 있다. 그렇다면, 지금 우리가 접하고 있는 문제에 그런 것이 성립되어 있는가? 기도의 대상이 기표에 대해서 동의한다는 것을 누가 알 수 있겠는가? 그 언어는 어떤 의사소통이 성립되게 하는가? 기호를 선택한 것은 사람이다. 그 이유는 사람에게는 자기 자신이 나타내고자 하는 것을 상징하기에 가장 적합한 것이 그 기호로 여겨지기 때문이다.

그런데 그것이 어떤 가치가 있을까? 달리 말하자면 하나님이 그것을 기표로 받아들일까? 그래서 하나님은 그 기표가 표시하는 기의를 인지하게 될까? 거기에 대해서 우리는 뭔가 알고 있는가? 그렇지 않다면 사람이 선택한 것은 하나의 기표가 될 수 없다. 우리가 얘기할 수 있는 것은 의사소통이 된 것인지 아닌지를 우리는 결코 알 수 없다는 것이다. 우리가 선택한 기호가 기호로서 수립되어 의사소통이 성립되는 것은 우리에게 달린 것이

---

13) 알퐁스 마이요(Alphonse Maillot), 「성서 용어: 기도」 *Vocabulaire biblique: Priere*.

아니다.

　우리는 종교 음악이나 분향에 대해서 얘기할 수 있는 바를 음성 언어에 대해서도 말할 수 있다. 그러나 여기서 정말 언어라는 것이 존재한다고 얘기할 수 있을까? 기도 속에서 하나님과의 의사소통은 무엇으로 성립되는 것일까? 그것은 체험이나 확신이나 교류나 동등성이 아니라 바로 그 이전의 관계이다. 물론 사람은 언제나 현재를 상기할 수 있다. 그러나 기도의 전개 과정에서 사람이 현재화하는 과거의 영향을 받는 것을 피할 수 없다. 예를 들어 하나님이 경청한다는 확신이 전제되어야 기도는 가능하다. 그러나 그런 확신이 설 수 있게 하는 것은 언어 구조나 의사소통이 아니라 신앙이다.

　언어를 의사소통이라는 면에서 분석하게 되면 기도는 언어로서는 아무런 내용도 없다. 기도는 사람이 사람에게 하는 담화가 되거나 그 이외의 다른 것이 되거나 둘 중 하나이다. 첫 번째의 경우에 기도는 언어가 되지만 더는 기도는 아니다. 이는 앞에서 인간의 본성에 따른 기도에 관해서 언급했을 때 나온 논의로 다시 돌아가게 한다. 기도가 다른 차원의 것이라면, 즉 기도가 사람에게 하는 담화가 아니라면, 기도는 언어로서는 아무런 내용이 없는 것이다. 기도의 실제 내용은 말로 한 표현 속에 담겨져 있지 않다. 그래서 담화 내용에 따라 기도를 분석하는 것은 커다란 오류로서 간구와 찬양과 중보 등으로 기도를 구분해버린다. 그 모든 것은 교육적인 측면에서는 유용할 수 있지만 기도에 관한 진실을 왜곡시킨다.

　기도를 규정하는 것은 언어도 아니고 문장 구조도 아니다. 이점은 방언 기도에서 분명해진다. 방언 기도에서는 이해할 수 없는 어휘가 나오는데 어떤 사전 합의 사항도 없고 구조적으로 전혀 맞지 않는 말이 나온다. 언어를 구성하는 모든 요소들이 빠져 있다. 그래서 사도 바울은 이 성령의 은사를 공개적으로 사용하는 것을 삼갔다. 그것을 듣는 형제들이 이해할 수 없기 때문이다. 물론 그것을 하나님에게 말하기 위한 특별한 언어로서 하나님을 위한 언어라고 생각할 수 있다. 그러나 그 현상이 반드시 그렇다고 볼 수는 없다. 거기다가 그것이 의미하는 바는 대체 무엇이란 말인가? 하나님이 말을 만들어서 기도하는 사람의 입에 넣는다고? 그것은 의미가 없다. 기도가 일종의 담화라는 주장을 이해하기는 정말 어려운 일이다.

게다가 기도가 일종의 의사소통이라는 말은 어떤가? 그 말을 하자마자 이런 의문이 던져진다. 무엇을 누구에게 전하는 의사소통이라는 말인가? '누구에게' 라는 두 번째 의문사항에 대해서는 "하나님에게"라고 답할 지도 모른다. 그러나 그 대답이 실제로 의미하는 것이 무엇인가? 물론 기도는 사람들이 기도의 정의를 내리기 전이나 하나님이 결정을 내리기 이전에도 존재했다. 그러나 대화의 상대방이 아주 애매하고 불확실하고 접근할 수 없어서 아무것도 얘기할 수 없는데 기도가 언어 혹은 의사소통이란 말을 할 수 있는가? 진지하게 말하자면 거기까지가 우리가 분명히 말할 수 있는 것이다. 내가 말하고자 하는 바는 기도는 아무것도 아니라거나 하나님에게 하는 것이 아니라는 말이 아니다. 그러나 상대방을 만날 수 없고 이해할 수 없더라도 기도는 할 수 있지만 의사소통은 할 수 없다. 의사소통은 두 당사자들이 규명되는 것을 전제로 한다.[14]

기도의 내용을 고찰할 때 상황은 더욱 악화된다. 의사소통 수단으로서의 언어는 정보를 담고 있다. 정보가 없다면 언어가 아니다. 여기서 우리는 많이 언급하지만 잘못된 질문을 접한다. "내가 하나님에게 무엇을 말할 수 있을까? 하나님이기 때문에 그는 내가 필요한 모든 것과 내가 말하고자 하

---

[14] 철학적인 견지에서 우리는 기도가 정보를 담고 있지 않으며 정보를 전달하지 않고 정보의 대상이 아니라고 밀힐 수 있다. 왜냐하면, 기도는 실존의 영역에 들이기 있기 때문이다. 실존에서의 개성은 그 특성상 본질적으로 정보를 담은 모든 언어로부터 벗어나 있다. 그러므로 기도는 그 이외의 것이 될 수 없으며 의사소통으로 분석될 대상이 아니다.

는 것을 미리 다 알고 있을 것이다. 모든 것을 아는 하나님에게 내가 무슨 말이든 말을 꺼낼 필요가 없다. 기도는 실제 내용이 없기 때문에 무용한 것이다. 기도가 실제 하나님에게 하는 것이라면 그것은 중언부언이 되고 만다. 그렇지 않다면 그것은 허공에 대고 하는 말이 된다." 이처럼 기도는 정보를 담고 있지 않은 것이거나 허공을 향한 것이 되고 만다.

기도는 담화를 구성하게 하는 언어가 아니라는 점을 위에서 밝혔다. 기도는 아주 다른 차원에 위치해 있다. 기도는 하나님이 당신의 의지와 권능과 사랑을 인간의 말이라는 수단으로 기도를 하게 한 사람과 나누기로 한 결정에서 나온다. 기도는 담화가 아니라 하나님과 함께하는 삶의 모습이다. 그래서 기도는 언어적인 표현에 구속되지 않는다. 기도의 언어적인 표현은 하나님과의 관계에서 부차적인 것에 지나지 않는다. 그 관계는 살아있는 인간과 살아있는 하나님의 만남으로 넘치는 관계이다.

언어로 말하는 것은 인간에게 주어진 선택 수단으로서 삶의 중대한 경험의 본질을 먼저 자기 자신에게, 그리고 다른 사람들에게 표현하여 명백하게 하려고 사용할 때 유용한 것이다. 이는 하나님이 예언자들과 사도들을 통해서 인간의 말로 자신의 뜻을 전할 때에도 그렇고, 모든 언어를 초월하는 만남을 인간으로 하여금 인간 자신의 지성으로 합리적으로 설명하게 할 때에도 마찬가지이다. 그러나 내가 하나님에게 고하는 것은 행정관리나 판사에게나 할 법한, 나 자신이 살아온 이야기나 나의 두려움과 욕망이 아니다. 그것은 살아계신 하나님과 함께 누리는 삶을 모든 측면에서 나의 두려움이나 욕망도 포함해서 형식에 구애됨이 없이 고백하고 선언하는 것이다. 그 삶은 하나님이 모르는 나 자신만의 삶이 아니라 하나님에게서 받은 삶으로 하나님과 함께 쌓아가는 역사이다.

기도의 비언어적 본질

달리 말하자면, 기도는 하나의 언어처럼 분석할 수 없다. 기도는 어떤 형식도 내용도 없다. 왜냐하면, 기도는 내가 말하고자 하는 것을 내용으로 하는 것이 아니라 내가 기도하는 하나님에게서 오는 것을 내용으로 하기 때문이다. 그 말이 의미와 타당성을 갖는 것은 기도의 수신자인 하나님에게서 주어지는 것이다. 나의 기도가 참된 기도가 되는 것은 하나님에게 달려 있지 나에게 달린 것이 아니다. 적절한 언어로 말할 수 있는 나의 능력에 달린 것은 더더욱 아니다. 왜냐하면, 내가 하나님에게 올린다는 생각으로 대화를 건네고 낱말들을 나열할 수 있지만 기도는 형식의 일관성이나 내용의 숭고함이나 정보의 밀도로 성립되는 것이 아니기 때문이다. 기도가 담화라면 기도는 우리가 알고 있는 언어 분석의 대상이 된다. 그러나 그런 분석은 어디까지나 기도가 아닌 담화 분석이 될 것이다.

기도는 기도의 대상자인 하나님의 결정에 의해서 기도가 된다. 이제 기도는 본질이 바뀐다. 이제 거기에는 불가해한 본질이 주어진다. 기도가 낱말과 구절로 구성되어 있는 한, 위에서 언급한 어려움들에도 불구하고 나는 기도를 하나의 언어로 취급할 수도 있을 것이다. 그러나 그 말은 내가 그것을 기도로 간주하지 않는 한 그렇다는 것이다. 내가 그렇게 간주하는 것은 기도 그 자체가 아니다. 그러나 그런 조건 하에서는 결국 나는 담화에 일어난 변화, 마침내 그 담화 전체가 바뀌는 변화를 파악할 수 없기 때문에 더는 아무것도 분석하지 못할 것이다. 왜냐하면, 그 기도는 이제 그리스도의 기도나 성령의 기도가 되었기 때문이다.

"우리는 마땅히 기도할 바를 알지 못하나 오직 성령이 말할 수 없는 탄식으로 우리를 위하여 친히 간구하시느니라"로마서 8:26라는 사도 바울의 유명한 말을 그렇게 이해해야 한다. 우리는 너무나도 자주 이 말을 성령이 우리의 기도에 자그마한 것을 덧붙이는 것으로 해석한다. 요컨대 우리가 기도하지만 잘 하지는 못하므로 우리의 기도는 불완전하고 만족스럽지 못하다. 다행스럽게 성령은 그 상황을 좋게 개선하여 우리가 말할 수 없었던 것을 보완한다. 이는 정확한 말이 아니다. 성령의 기도가 기도의 전부이다. 우리가 기도를 언어로 볼 때 우리는 어떤 말을 해야 할지 알 수 없다. 내용이 있을 수 없기에 기도는 아무것도 아닌 것이 된다. 성령이 말할 수 없는 방식으로, 즉 모든 말과 모든 언어를 넘어서는 방식으로 중재할 때에 우리의 기도는 비로소 기도가 되고 하나님과의 교제가 된다. "마음을 살피시는 이가 언어를 기표로 해서가 아니라 성령의 생각을 아시나니 이는 성령이 하나님의 뜻대로 성도를 위하여 간구하심이니라."로마서 8:27 결론적으로 기도는 하나님의 선물이며 기도의 실현은 전적으로 하나님에게 달려있다는 점을 우리는 말하지 않을 수 없다.

그렇다면, 우리는 우리가 처한 현재 상황이 극도로 어려운 것을 알게 된다. 우리가 방금 언급한 것은 기도의 실상과 부합한다고 나는 믿는다. 그러나 기도를 언어로 말하는 것으로만 알고 있는 현대의 서구인에게 기도가 어떤 의미를 가지겠는가? 기도에 대한 그런 잘못된 인식은 교회에 널리 퍼져있으며 뿌리가 깊이 박혀 있다. 그리스도인으로서 안전하게 지낼 수 있는 사회와 그리스도교 사회, 그리고 그리스도인인 것이 일반적이고 올바르고 확실한 세계에서 살아가는 사람들은 그런 담화식 기도를 계속할 수 있다. 그런 기도는 기도가 아니다. 사회학자는 일종의 언어 형태로 그것을 연구할 수 있다. 우리는 관습과 전례와 영적인 위생을 위해 분리된 안전지대에 살고 있다. 그런 식의 기도가 아주 편하게 그냥 계속된다. 사회가 그렇게 받아들이고 있기 때문이다. 그 사회가 변화되어 세속화되고 탈종교화 되어갈 때에 그런 담화식 기도가 헛된 것임을 확실히 깨닫게 될 것이다.

사람들은 현재 기도가 사라지고 있다고 인식한다. 그러나 실제로는 오랜 전부터 기도는 사라져 가고 있었다. 사람들이 기도를 담화식으로, 순전히 말로 하는 것으로, 절대 존재와의 의사소통으로, 왜곡된 인식으로 바꾸었을 때부터 기도는 사라져 가고 있었다. 이 사회에서 사람들은 기도를 담화나 하나님을 향한 경건한 말이나 일종의 의사소통 수단으로만 인식한다. 그들은 그 이외의 다른 모든 실상을 알지 못한다. 기도는 그런 것이 아닌 까닭에 그들은 실제로 기도할 수가 없는 것이다. 그것이 비극이다.

  기도를 성찰하는 가운데 우리는 기도가 아닌 것과 기도인 것 간에 많은 요소들을 분별하게 되었다. 기도가 하나의 "존재"라는 인식이 점차 우리에게 다가왔다. 기도라는 존재는 동시에 당위의 존재이기도 하다. 기도에 관한 신학적인 원리들은 아직도 정확하다. 그러나 우리는 점차로 현대인에게 있어서 본래의 참된 실재에 맞는 기도가 있을 수 없다는 점을 알게 되었다. 모든 왜곡된 인식들과 잘못된 이미지와 의미 없는 것들과 깊은 단절과 잘못된 개념 정의들이 기도를 더는 존재 이유가 없는 것으로 만들었다. 기도를 모방하는 것만이 남아있다.

기도하라는 명령이 있기에

동시에 기도의 실체가 있는 것이다.

하나님의 명령은 추상적인 것이 아니라

실제 현실에서 구현되는 것이기 때문이다.

제3장 기도하지 않는 이유들

　앞장의 말미에서 언급된 내용은 기도하기를 거부하는 우리 사회의 문제를 거론하게 한다. 기도를 거부하는 것은 우리가 알고 있고 앞에서 분석했던 바와 같이 기도할 근거가 없는데 연유한다. 그런데 기도를 거부하는 것은 어떻게 표현되고 있는가?

　한편으로 인간으로 하여금 기도를 경시하게 하는 본능적인 반응들이 있고, 다른 한편으로는 흔히 그리스도인들도 주장하는 합리화의 이론들이 있다. 그들은 현대인이 겪는 기도의 어려움을 인식하고 기도를 하지 않으려고 신학적으로 정당화하는 논리를 제시한다. 우리는 여기서 "대부분의 기도가 응답되지 않는 것을 분명히 알고 있는데 기도할 필요가 있을까?"와 같이 너무나 오랫동안 원용되거나 아주 진부한 것들은 고찰 할 대상에서 제외할 것이다.

　임의로 행할 일을 결정하는 하나님에게 기도하는 것이 무슨 의미가 있는가? 하나님의 뜻을 바꿀 수 있다고 생각할 수 있을까? 하나님이 어떻게 인간이 더듬거리며 하는 말 몇 마디에 당신의 완전한 결정을 변경할 수 있겠는가? 하나님은 기도 내용도 포함하여 모든 것을 미리 다 알고 계시지 않는가? 하나님이 다 안다면, 왜 피조물들을 사랑하는 하나님에게 피조물들이 필요한 것을 요청해야 하는가?

이와 같은 의문들을 대할 때 볼테르가 한 말이 떠오른다. "지고의 존재를 더 존중하고 인간의 나약성에 덜 관대한 철학자들이 기도를 통해 구하는 것은 자기 포기이다." 침묵하고 포기하는 것이 "계몽된 인간"이 하는 참된 기도이다. 그것은 적어도 연약함을 거부하는 장점이 있으며, 지고의 존재라 불리는 하나님을 존중하는 유일한 태도이다. 하나님이 지고의 존재라면 사실상 기도라는 것 자체가 가능하지 않다. 비니^{Vigny,} 15)가 볼테르의 말을 잇는다. "신음하고 눈물을 흘리고 기도하는 것은 다 똑같이 비겁하다…"

이 말은 두 가지 측면을 가진다. 하나는 하나님이 지고의 존재라면 기도는 헛된 것이다. 또 다른 하나는 기도할 자격이 없는 인간에게 금욕주의를 촉구하는 것이다. 사실 이런 주장들은 이 주장들은 이미 기도를 거부하는 사람이 한 것이다 하나님계시의 하나님과 기도에 관한 왜곡된 인식에서 나온 것이다. 기도에 대해서는 뮈세^{Musset,} 16)와 같은 생각인 비니의 입장이 타당하다. 뮈세는 인간이 기도할 필요성을 입증하기 위해 말한다.

> 하늘이 아무도 존재하지 않는 곳이라면
> 우리의 기도는 그 누구에게도 상처를 주지 않는다,
> 그런데 만일, 누군가가 우리의 기도를 듣는다면,
> 그는 우리를 동정할 것이다….

---

15) [역주] 알프레드 드 비니(Alfred de Vigny, 1797-1863), 프랑스 낭만주의 시인, 소설가, 극작가.

16) [역주] 알프레드 드 뮈세(Alfred de Musset, 1810-1857), 프랑스 낭만주의 시인, 소설가, 극작가.

"만일의 경우를 생각하여" 하는 이런 기도는 인간에게나 하나님에게나 하나도 진지하지 않은 것이다. 너무나 잘 알려져 있는, 단순하고 냉소적인 이런 의문들로 우리의 논의를 지체하지 않도록 하자. 너무나 자주 듣고 널리 사용되는, 시간이 없다는 식의 변명들도 마찬가지이다. 우리는 현대사회의 일상생활에서 과중한 부담과 시간의 재촉과 계속되는 압박을 받고 있다. 우리는 매시매초가 꽉 찬 삶을 살고 있다. 우리에게는 기도할 시간이 한 순간도 없다. 일을 마치고 하루가 끝날 때면 우리는 정말 피곤하고 신경이 지쳐서 진정제가 필요할 정도이니 도저히 기도에 집중할 수가 없다. 우리가 필요로 하는 것은 기분전환을 위한 오락이지 새롭게 힘을 써야 하는 일이 아니다. 주간의 일을 마치는 주말에도 사정은 마찬가지이다.

기도하려면 마음의 평화와 집중우리의 일하는 방식이 주의를 분산시켜서 불가능한과 묵상을 위한 물러남우리가 하는 활동에 우리 자신이 몰입되어 있어서 불가능한과 빈 시간이 있어야 한다. 기도는 일정한 시간이 소요되기 때문이다. 우리는 "하나님 앞에 나아가야지"라며 순간적으로 단순히 결정할 수는 없다. 그런데 우리는 우리에게 몇 분의 한가한 시간이 있는지전화기가 있으니! 확신할 수 없다. 전화가 울리면서 누군가 우리를 찾고 있고, 맡은 일을 저녁 시간에 다 마칠 수 없다는 식의 생각은 묵상과 기도에 전혀 몰입할 수 없게 한다. 거기다가 소음이 있다. 기도는 먼저 침묵으로 시작하는 것이 아닌가. 그리고 마음의 안정은 어느 다른 곳이 아닌 바로 이 사회 내의 물리적인 소음이 멈추는 데서 나오는 것이 아닌가. 그런데 우리는 언제나 요란한 소음에 시달리고 매일 수천 개의 정보를 받아들이게 됨으로써 기도에서 멀어지게 된다. 사람들의 시끄러운 소리는 묵상을 하지 못하게 한다.

우리는 잘못된 관점에서 나오는, 이와 같은 합리화의 논리들을 너무나 많이 알고 있다. 기도는 하나님과 함께하는 것이기에 기도 자체가 평화요 침묵이요 능력이 아닌가? 기도가 하나님이 원해서 인간과 함께 당신의 뜻과 능력과 사랑을 인간의 언어라는 수단으로 나누는 것이라면, 기도의 유일한 전제 조건이 하나님의 주권적인 결정이라는 것을 왜 깨닫지 못하는가? 적당한 심리적인 조건들이라든가 사회적인 조건들은 부차적인데 지나지 않거나 어쩌면 아예 존재하지 않는 것인지도 모른다. 기도가 하나님의 선물이라면 그 선물 자체가 기도에 필요한 심리적 사회적 조건들을 마련할 것이다.

달리 말하자면, 기도함으로써 인간은 기도에 필요하다고 판단되는 조건들을 얻을 수 있다. 그 조건들은 우선적인 것도 아니고 기도에 필요한 조건들도 아니다. 흔히 말하는 현대인의 난처한 상황이 기도하는 데 장애가 되는 것은 처음부터 기도하지 않기로 결정한 사람에게나 맞는 말이다. 그런 사람은 기도하려면 에덴동산과 같은 경이로운 환경이 필요하다고 판단한 것이다. 그러나 항상 그렇지만, 하나님이 주권적인 결정을 내리면 그것으로 현실적인 상황도 충분하다. 하나님이 명령을 내릴 때 하나님은 그 명령이 전달되어 수용되고 실행되는데 인간이 필요로 하는 모든 조건들을 조성한다.

기도 자체가 기도에 필요한 침묵을 조성한다. 기도 자체가 기도에 필요한 시간을 준다. 하나님과 함께하는 것이기에 기도는 우리로 하여금 우리의 시간 속에서 벗어나 또 다른 차원으로(영원을 말하는 것은 아니다) 들어가게 한다. 그 차원에서는 단지 몇 분이 광대한 시간이 될 수 있다. 이제는 "기도에 할애할 수 있는 시간이 10분밖에 없으니 기도하는 것이 의미가 없다."라고 말할 수 없다. 기도에 필요한 시간을 만드는 것은 바로 기도 자체이다. 기도는 나의 힘을 새롭게 하고 나의 피곤함을 사라지게 하고 진정제도 필요없게 한다. 기도는 모든 긴장과 갈등을 진정시키기 때문이다.

이런 말을 한다고 해서 내가 앞에서 비판했던, 기도의 치유적 가치를 주장하는 입장을 재고한다는 것은 아니다. 나는 기도가 영적인 수행으로서 심리적인 효과를 갖게 한다고 그리고 기도를 그런 목적에 국한시킨다 주장하는 것이 아니다. 기도의 수신자가 살아계신 하나님이라면, 창조주 하나님으로서 말씀을 할 때마다 그 말씀이 잘 받아들여지는 조건들을 조성할 것이다. 이에 따라 하나님은 기도자의 정신 상태를 변화시켜 그 말씀이 참된 말씀임이 드러나게 할 것이다. 하나님은 "독수리 같이 새로운 힘을 얻게 할" 존재로서 피곤을 물러가게 하고 분산된 주의력을 다시 모으게 한다. 기도하지 않은 이유로 제시된 것들은 이제 순전한 변명에 지나지 않는다. 그렇다면, 기도를 등한시하는 현상을 설명하고자 현대의 심리학적 사회학적 조건들을 찾는 것이 과연 유용할까? 하나님이 그 조건들을 변경했기 때문에 그 조건들은 이제 인간의 구차한 변명에 지나지 않게 되는데 아직도 거기에 집착하는 것이 무슨 소용인가?

그러나 문제는 이중적이다. 한편으로는 인간의 기도하려는 마음을 아예 처음부터 다른 곳으로 벗어나게 하는 것이 있다. 우리는 기도하고자 하는 의욕 자체가 없는 오늘날의 현상에 대해서 우리 스스로 자문해 보아야 한다. 왜냐하면, 인간이 기도하고자 하는 의욕을 가지면 성령이 우리 안에서 역사하고 기도하기 때문이다.

다른 한편으로는 인간은 기도하지 않을 이유들, 특히 신학적인 이유들을 스스로 만든다. 기도가 인간의 본성에서 비롯되어 여러 가지 형태들로 표현되는 것이라면, 그중 하나의 형태가 사라질 뿐인데 왜 사람들은 예수 그리스도의 하나님에게 기도하지 않는 것을 그렇게 정당화할 필요를 느끼는지 묻고 넘어가야 한다. 그러면 하나님을 향한 그런 기도는 본성적인 기도와는 다르다는 말인가.

이미 이 문제는 제2장에서 거론된 것 같다. 이제 그 문제를 확실히 할 때가 왔다. 모든 시대에 걸쳐서 인간은 하나님을 향한 기도, 하나님과의 만남을 회피해 왔다. 그 기도는 인간 본성에서 본능적으로 나오는 것이 아니다.

인간은 신비함도 없고 심정의 분출도 없는 예수 그리스도의 기도보다는 알 수 없는 존재이 존재는 어떤 다른 세계를 접했다는 느낌을 주어서 기분을 좋게 한다를 향하는 기도를 훨씬 더 선호한다. 인간은 언제나 본성적인 기도를 예수 그리스도의 기도에 주입시키려 하거나, 예수 그리스도의 하나님에게 기도하지 않는 것을 합리화하는 논거들을 찾아왔다. 그중 첫 번째 경향은 오늘날 사라지고 이제 두 번째 경향만 남아있다. 우리는 그 두 번째 경향의 현재적인 형태와 양상을 살펴볼 것이다. 과거의 것들은 더는 우리가 관여할 바가 아니다.

1. 사회학적인 조명

탈종교화

우리는 지금 비신성화désacralisation와 세속화sécularisation와 탈종교화laicisation의 세계에 살고 있다. 적어도 신성한 것과 종교적인 것의 과거의 형태들에 대해서는 그렇다. 이미 위에서 언급한 바와 같이 새로운 형태의 신성하고 종교적인 것들이 등장했기 때문이다. 사람들은 그 새로운 형태들 속에 비이성적인 것과 가상적인 것을 부어 넣고서 그것들을 향한 신앙을 가진다. 그러나 사람들은 그 사실을 스스로 자각하지 못한다. 그것들은 사람들이 머리를 숙이게 되는 대상은 아니다. 그래서 현대인은 그것들의 신성과 종교성을 인지하지 못하고 있다. 현대인에게 자신이 신성시하는 우상을 지적하면 그는 어깨를 들어올리며 화를 낼 것이다. 그렇지만, 전통적인 사회에서 살던 사람에게는 그것은 명백하고 확고한 사실로 비쳤을 것이다. 그래서 현대인에게 어떤 새로운 형태의 것이 종교적으로 신성시되고 있는 사실을 규명하려면 먼저 어떤 현상이나 제도에 대한 그의 자발적인 반응들을 분석해야 한다. 그리고 그 자발적인 반응이 신성한 것을 대하는 전통적인 태도와 유사한 공통점이 있음을 확증해야 한다. 그렇게 해서 현대인이 스스로 알아차리지 못한 채 숭배하면서 종교적인 우상을 세우고 있다는 사실을 밝힐 수 있다.

그 점을 분명하게 하면서 우리는 현대인이 비신성화와 탈종교화의 세계에 살고 있다고 말할 수 있다. 그러나 그런 조건들 속에서 기도가 소멸되는 것은 당연하다. 기도는 언제나 하나의 경계, 금단의 영역을 내포한다. 그 경계는 종교적인 것의 존재나, 능력의 한계 때문에 설정된다. 기도는 적법하게 희생제물이나 마법과 같은 다른 수단과 함께 금단의 세계로 들어가려고 그 경계를 넘어서는 수단이다. 신성한 것은 실제로 신비한 금단의 영역의 경계를 세우는 것인 동시에 일정한 준거 기준들과 하나의 의미체계를 수립하는 것이다. 그러나 과학에 의해서 신비의 세계가 사라지고, 인간의 이성에 의해 다른 준거 기준들이 설정되면서 신비의 차원과는 다른 차원의 의미체계가 세워지면 그 신성한 것은 소멸된다. 그런데 기도는 그런 세계의 존재와 밀접하게 관련되어 있다. 우리가 앞에서 지적한 것처럼 또 다른 "종교적인" 현상이 나타나면 기도도 다시 등장한다. 그러나 우리가 알고 있는 것과는 전혀 다른 형태로 나타나서 그것이 일종의 기도라는 것을 알아차리기가 힘들지도 모른다.

전통적인 기도가 사라지고 있다. 그 말은 우리에게 비신성화와 세속화 현상이 유감스럽다는 뜻이 아니다. 오히려 나는 그런 현상이 그리스도교의 정신에 깊이 부합한다고 생각한다.[17] "신성한 것"과 "종교적인 것"을 신앙과 그리스도교의 계시와 뒤섞는 것은 커다란 잘못이다. 예수 그리스도 안에 나타난 하나님의 계시는 신성한 것과 종교적인 것그것은 인간이 만들고 인간

---

17) 자끄 엘륄(Jacques Ellul), 「비신성화로서 개혁」*La Réforme comme désacralisation*, 『프랑스 개신교』*Protestantisme français*, 1945.

본성에서 비롯되고 인간의 필요에 응답하는 것으로서 필연적으로 이교적이다을 무너뜨리는 가장 강력한 힘이다.

현대세계에서 인간은 기도의 필요성을 느끼지 못한다. 무엇이 사라져가고 있는가? 그것은 인간 본성적이고 자발적인 기도로서, 한계를 초월하는 능력을 가진 존재를 찾아야 하는 필요에 부응하는 기도이다. 그러나 그것은 그리스도교의 기도가 아니다. 이 말은 기도가 다시금 용이하게 되도록 신성하고 종교적인 세계로 돌아가기를 바란다는 의미가 아니다. 게다가 그런 바람은 무익하고도 비현실적인 것에 불과하다. 이는 그리스도인의 기도는 그런 기도와는 다른 뜻을 따라야 하고 다른 방향으로 나아가야 한다는 점을 알아야 한다는 말이다.

현대인은 이 세계에 살고 있기 때문에 기도하려고 하지 않는다. 그러나 우리는 본성적인 기도는 주님의 진정한 사랑과는 전혀 다른 것으로부터 비롯되었다는 점을 인지하고 있어야 한다. 그런 기도는 예수 그리스도의 기도가 속한 영역을 벗어나는 것으로서 오랫동안 지속되어온 이교적인 행위이다. 그러므로 한편으로는, 이는 현대인이 더는 기도하지 않고 그리스도인들도 그런 경향을 따라간다는 면에서 손실이다. 그런데 다른 한편으로 분명해지는 것이 있다. 즉, 이런 상황에서 그리스도인들이 기도를 하지 않는다면, 그것은 그들이 이전에는 잘못된 동기로서 기도했었고 또 그런 기도는 그리스도교에 속한 것이 아니었다는 점을 말해준다. 이제 우리가 살펴봐야 하는 것은 기도의 정확한 의미와, 오늘날의 그리스도인을 기도의 자리로 나아가게 해야 하는 분명한 이유이다. 비신성화, 탈종교화는 우리가 신앙을 고백하고 기도한다고 하면서 실제로 우리가 하고 있는 것이 무엇인지 살펴보도록 촉구한다.

현실주의와 회의주의

우리를 사로잡고 있는 것은 일종의 현실주의와 회의주의 풍조이다. 통상적인 현실주의[18]를 보자. 정치에서 현실주의자가 되는 것은 도덕적인 가책에 구속되지 않고 권력의 수단만 신뢰하고 당연한 결과에만 집착하면서, 우리의 지각에 포착되는 "현실"을 고려하는 것이다. 거기서는 성공이 유일한 현실이 되어 진리로 오인되기도 한다. 이 현실주의는 다른 차원이나 출구가 없이 이 세계, 이 사회에 우리를 갇혀있게 한다. 거기서는 결과는 수단을 정당화한다는 식으로 모든 수단을 다 동원해서라도 성공하는 것이 좋은 것이다.

회의주의는 이 현실주의와 연합한다. 회의주의는 현실적으로 쓸모가 없는 것과 "과학적으로" 증명되지 않는 것과 이 사회에 수용된 통념이라는 사회적 증거가 없는 것을 신뢰하지 않는다. 회의주의는 또 다른 차원의 중요성을 믿지 않는 것으로서 아주 단순한 합리주의로 표현된다. 물론 여기서 내가 말하는 것은 철학적 회의주의가 아니라, 현재 널리 퍼져있는 정신적인 풍조이다. 그것은 "폭넓은 상식"으로 통하고 눈에 보이는 외양과 성공을 신뢰한다.

회의주의와 현실주의가 기도를 방해하는 두 가지 삶의 태도라는 것은 분명하다. 그런데 여기서 우리는 앞에서처럼 인간 본성적인 기도와 예수 그리스도의 하나님을 지향하는 기도를 구분할 필요가 없다. 여기서는 두 가지 기도가 다 비난당하고 문제시된다. 왜냐하면, 현실주의와 회의주의는 외적으로 그리스도인을 공격하지 않기 때문이다. 그것들은 우리 각자의 내면에 스며들어 온다. 현대의 그리스도인은 사회적인 처신에 있어서는 현실주의자가 되어 있다. 교회 내에서 "논쟁"할 때 취하는 태도를 보면 논쟁하

---

18) 자끄 엘륄, 「기독교 현실주의」 *Le Réalisme chrétien*, 『신앙과 삶』 *Foi et vie*, 1951

는 사람들।물론 충분한 이유가 있고 때로는 진정한 영적인 감동을 받아서।이 정말 좋지 않은 정치적인 의미로서 현실주의적인 자세를 택한다. 논쟁하지 않는 전통적이고 순종적인 교인들을 보면 그들의 삶이 이중적인 것을 보게 된다. 그들은 사업가, 지성인, 조합원, 정치가로서 현실주의적인 사람이 되기도 한다.

그리스도인이 더는 기도하지 않는 것은 현실적인 것에 대한 열정이 기도하고자 하는 마음을 압도하기 때문이다. 세계정신Weltgeist인 현실주의가 그리스도인에게 완전히 스며들었다. 기도라고 남아있는 것은 미미한 잔재뿐이다. 이제 기도는 의식과 관습과 무의미한 주문과 같은 것이 되어버렸다.

회의주의의 경우도 마찬가지이다. 그리스도인은 심지어 신앙에 대한 문제에 관해서도 회의주의자가 되었다. 그는 사방에서 공격당하는 것은 더는 신뢰하지 않는다. 여기에서 회의주의는 비판 정신।모든 신앙의 표현에 대해서 필수적인 것이지만, 세상의 사실 논리에 대해서도, 특히 주변의 회의주의에 대해서도 적용되어야 한다।도 아니고, 계시에 대한 자연스러운 당연한 불신।이것은 '주여, 믿사오니, 나의 믿음 없음을 도와주소서'라는 식의 신앙심을 가진 경우에도 계속된다।도 아니다. 이 회의주의는 그런 비판 정신과 불신과는 질적으로 같지 않다. 그것은 계시의 "어린애같은 유치함"에 비해서 자신이 우월하다는 무비판적인 맹신을 불러온다. 그것은 불신자가 가지는 아주 원초적인 신념으로서 자신이 어리석은 죄인인 인간의 수준을 넘어섰다는 판단을 하게 한다.

우리 사회의 모든 기업과 교육과 사회구조와 여론과 가치 판단에 의해서 주입되는 이 회의주의는 그리스도인의 마음 한가운데 자리잡는다. 예를 들자면 복음서의 기적이나 역사성을 회피하려는 필사적인 노력이 그걸 증명한다. 영적인 유혹에 기인한 그런 시도는 겉으로는 학문적이고 지성적인 옷을 입고 있으나 그 뿌리는 과학적인 비판 정신이 아니라 회의주의라는 만드라고라mandragore, 19)의 유독한 뿌리이다. 사람들은 감히 이것을 지상으로 드러내지 못한다. 그것은 마술을 써서 여러 가지 형태로서, 마법의 힘에 의해 축소되고 메말라진 인간을 모조한다. 그런데 어떻게 기도하는 것이 가능하겠는가?

실적과 효과

오늘의 현실주의 사회는 회의적이지만, 사회 전체가 실적과 효과에 몰두해 있다. 그로 인한 난관은 사람들이 모두 실적 경쟁에 들어가 있다는 점이다. 기도는 오래전부터 결과를 얻기 위한 도구로 이해되어 왔다. 그런 이해가 성서에 근거를 두고 있음은 의심할 나위없다. 기도는 하나님의 권능이 우리에게 임하는 능력을 갖출 수 있게 해주는 것으로 주어졌다. 그 능력은 귀신들과 병자와 다른 사람들과 자연 등에 역사한다. 기도는 하나님을 향한 것으로서 하나님을 통하여 모든 것에 영향을 미치는 행위가 된다. 기도는 능력이다. 무화과나무가 말라버린 예화를 상기해 보자. 거기서 사람들은 그것을 축소하고 합리화하고 개별화하여 기도의 능력을 주장했다. 우리는 기도로서 우리의 의지와 하나님의 뜻을 일치시켜서 우리의 간구가 진리에 부합하여서 얻는 효과를 바라지 않고, 진리나 하나님의 특별한 뜻이나 인간의 순종은 고려하지 않고 결과만을 곧바로 얻어내려 한다.

아주 오랜 옛날에 기독교 세계에서 기도가 이런 수준에 머물렀던 때가 있었다. 대처할 수단은 거의 없고, 다른 국가들의 침략 위협은 상존하고, 자연재해나 자원부족이 늘 문제가 되는 사회에서는 기도가 하나의 수단이었다. 능률이 결핍된 사회 체제에서는 기도의 요행에 가까운 효과는 환영받을 일이고 유용하고 안위를 주는 것이었다. 기도는 그 이외의 다른 모든

---

19) [역주] 사람의 모습과 유사한 약용 식물로 마법의 힘이 있다고 전해진다.

수단들보다 더 큰 효력을 가지고 있는 것 같이 여겨지기도 했다. 하나님이 역사하면 기도는 기적과 같은 효력을 발휘한다는 기대도 하게 했다. 기도는 불치병을 앓는 병자를 치유하고 산을 옮길 수 있는 것이었다.

신앙의 태도와는 거리가 먼 이런 태도는 결과주의 때문에 빗나갔다. 기도는 달성한 결과로서만 신뢰할 수 있는 것으로 받아들여졌다. 결국, 모든 것에 우선하는 것이 결과였다. 그때부터 게임은 이미 진 것이나 다름없었다. 기도는 단죄되었다. 물론 그런 방식으로 열정적으로 기도한 사람들은 오히려 전체 사회가 기도에 열중하게 된 것을 기쁨으로 받아들일 수 있었다. 얼마나 놀라운 신앙의 승리인가! 그것이 대실패의 선포나 진배없었다는 사실을 그들은 분별할 수 없었다.

인간적 수단들의 효과와 기도의 효과, 이 둘 사이에 경계선이 나타났다. 기도의 효과는 인간적인 수단들이 동났을 때 발휘되었다. 그것은 또한 인간적인 수단들에 그 효과를 더하기도 했다. "나는 그에게 붕대를 감아주고, 하나님은 그를 낫게 해주셨다."라는 앙브루아즈 빠레(Ambroise Paré, 20)가 남긴 유명한 말은 이런 태도를 잘 말해주고 있다.

그런데 인간적인 수단들이 기적적인 효과를 불러왔다면 어떤 일이 벌어졌을까? 기술이 모든 행동의 열쇠가 되고 사회와 인간의 삶의 중심이 된다면? 한편으로는 기도 효과의 가능한 한계가 거의 무한대로 이동되었을 것이다. 결국, 기술로 모든 것을 다 성취하기 때문에 불가능이라는 고정된 한계가 없어진다. 인간의 기술적 수단들을 통해서 실현 불가능한 것이 있다면 앞으로 "한 걸음 더" 나아가면 될 것이다. 암의 치유를 위해 기도하는 것은 헛된 것이다. "내일이면" 치유가 가능해질 것이기 때문이다. 모든 것이 실제로 다 가능해진다면 초월의 영역에 속한 것을 소망하는 것이 의미가

---

[20] [역주] 앙브루아즈 빠레(1510-1590)는 앙리 2세, 프랑수아 2세, 샤를 9세의 시의를 지낸 당시의 유명한 프랑스 외과의사였다.

없어진다. 기술 앞에서 초월의 영역에 속한 것은 없다. 모든 것이 기술의 영역 안에 있다. 그러므로 기술적인 결핍을 보완하는 기도는 이제 성립될 수 없다.

인간적인 수단들에 더해지는 효과라는 점에서도 사정은 마찬가지이다. 이제 기술은 그 자체로 효과가 있다. 기술의 특징이 바로 효과라고 여겨질 정도이다. 기술은 예측불가능한 요행에 좌우되지도 않고 부족하지도 않다. 오늘날 "하나님이 그를 낫게 해준다"라고 말하는 것은 헛된 말이 된다. 왜냐하면, 그것은 인간이 이용하는 수단들이 아주 불확실한 것을 전제로 하기 때문이다. 물론 신자는 자신의 성공을 두고 "하나님에게 영광을 돌린다"라고 말할 수 있다. 그러나 그 말은 그냥 하는 말이나 합리화하는 말에 그칠 수 있다는 점을 명심해야 한다.

내가 액셀을 밟을 때 자동차를 가속하는 것은 하나님이 아니다. 우리의 수단들은 목적에 완전히 부합되어서 결과들을 얻어낸다. 언제나 그런 것은 아니지만 일반적으로는 성공적인 결과들을 낳는다. 기도함으로써 더 나은 효과를 구하며 하나님에게 도움을 요청할 필요가 없다. 이제 현대인은 어떤 작업을 수행할 때, 오래전부터 그 효과를 입증한 자신의 기술적인 수단들을 신뢰하지 하나님을 신뢰하지 않는다. 그는 자신이 기대하는 결과물을 기도하지 않고 다 얻게 된다. 점점 그 같은 경우가 많아진다.

그러므로 효과를 얻는 수단으로서의 기도는 소멸된다. 심지어 기술이 기도를 웃음거리로 만든다는 말도 할 수 있다. 소련에서 50년 전에 아이들에게 한 반종교적인 선전술 중 하나가 있다. 학교에서 두 개의 화단을 만들어서 꽃이나 채소를 심었다. 두 개 중의 한 화단에는 아이들이 와서 매일 기도하며 심은 씨앗들이 자라나게 해달라고 하나님에게 간청했다. 그리고 그것이 아이들이 한 전부였다. 다른 화단에는 아이들이 물을 주고 비료를 주었다. 아이들은 식물들이 그 화단에서 훨씬 더 잘 자라는 것을 보게 되었다. 그러니 하나님은 아무런 능력도 없는 존재가 되었다.

비록 의도적으로 계획한 것이 아닐지라도 사정은 기술사회에서도 이와 동일하다. 기도의 효과는 요행에 따른 것이기에 기도는 무시된다. 통계 기술은 기도의 응답률이 같은 조건에서 기도하지 않고 일을 그대로 진행해서 얻는 성공률과 정확히 같다는 사실을 입증할 수 있었다. 그 경쟁에서 기도는 패배했다고 말할 수 있을 것이다.

그러나 패배한 것은 성공과 효과를 지향하는 기도일 뿐이라는 사실을 알아야 한다. 이 패배는 사회학적인 것보다 더 심각한 것이라고 나는 생각한다. 사실 그런 기도를 단죄한 것은 하나님이다. 하나님이 상황을 통해서 단죄한 것이다. 하나님은 수단이 된 기도를 거부하고 기도의 왜곡과 오용을 거절한다. 그러나 하나님이 내린 단죄는 기술 사회의 발달 이전으로 거슬러 올라간다. 그것은 태초로부터 시작되었다. 그러나 인간은 그 사실을 인정하고 싶지 않았던 것이다.

윤리성과 도덕성

기도는 그리스도교 전체에 관한 또 다른 왜곡된 인식 때문에 소멸되고 있다. 이점에서는 루소가 쓴 예문이 가장 명확하다. 루소는 '사부아의 보좌신부'를 통해서 기도라는 주제에 대해서 이렇게 쓰고 있다. "나는 하나님에게 무엇을 요구할까? 나는 잘할 수 있는 능력만을 요구할 것이다. 하나님이 이미 나에게 준 것을 왜 또다시 요구하겠는가? 하나님은 이미 나에게 선을 사랑하도록 양심을 주고, 선을 알도록 이성을 주고, 선을 행하도록 자유를 주지 않았는가?… 내가 악을 행한다면 나에게는 변명의 구실이 하나도 없다. 내가 원하기 때문에 악을 한 것이다. 내 의지를 바꾸어달라고 내가 하나님에게 요구하는 것은 하나님이 나에게 요구하는 것을 내가 요구하는 것이 된다. 그것은 내가 할 일을 하나님이 해주기를 원하는 것이다."

 이 훌륭한 분석은 그리스도교를 도덕적으로만 인식하는 것과, 기도를 단지 의무를 이행하기 위한 능력의 실행으로 보는 것과 잘 부합한다. 선을 실현하는 것이 중요하고, 모든 것이 도덕에 귀착된다면 기도는 합당한 의미가 없다. 문제를 그렇게 보는 것은 루소가 강조한 선과 악 사이에서의 선택의 자유를 인정하는 것이 된다. 그러나 인간에게 그런 자유가 있다면, 인간을 악으로 기울어지게 하는 어떤 특별한 세력도 없다면, 인간은 기도하지 않아도 될 것이다. 인간이 선을 행하는 데 필요한 모든 것을 다 갖추고 있다면 기도는 단지 자신의 능력을 쓰지 않고 자신의 책임을 회피하는 수단에 그치고 말 것이다. 그렇지만, 인간은 그렇게 할 수 없다. 인간의 의지는 인간 자신에게 속한 것으로 그 의지를 잘 사용하는 것은 전적으로 그에게 달린 것이기 때문이다.

 기도에 관한 루소의 입장은 분명한 일관성이 있다. 달리 말하자면 인간 실존을 일련의 윤리적 선택들에 귀착시키고, 그리스도교를 하나의 도덕으로 귀착시키고 나면, 기도가 설 자리는 없게 된다. 실제로 그런 일이 이미 일어났고 나타났다. 기도의 쇠퇴는 신앙의 쇠퇴를 입증한다. 그러나 역으로 내가 기도하는 것은 내가 악으로 기우는 성향이 있고 내 본성은 선을 성취할 능력이 없고 내 의지는 자유롭지 못하고 내 이성은 결함이 많고 내 양심은 나를 기만한다는 사실을 기도를 통하여 드러내고 입증하는 것임을 알아야 한다.

 더 나아가 기도함으로써 나는 선은 그 반대인 악과 함께 미리 알 수 있는 객관적인 실재가 아니며, 만약 그렇다고 한다면 내가 둘 중의 하나를 택할 선택권을 가질 수도 있음을 분명히 한다. 나는 반대로 악은 나에게 닥친 어떤 상태요 상황임을 밝힌다. 그리고 악은 건강한 몸의 암세포처럼 분간할 수 없다는 점을 명시한다. 나는 선은 객관화할 수 있는 모든 계명들의 원천이 아니고 하나님의 의지라는 점을 표명한다. 신학자가 아닐지라도 나의 기도가 뜻하는 것이 바로 그것이다.

그런데 그것들은 이미 퇴색된 개념들이다. 선, 악, 도덕, 하나님의 의지, 이 모든 것들은 이제 루소가 파악한 의미와 동일하게 해석되고 있다. 내가 신학자가 아닐지라도, 루소처럼 그 문제를 정리할 수 없다 할지라도, 내가 살고 있는 사회에서 끊임없이 전파되고 있기 때문에 나는 그걸 알고 느끼고 본다. 논리적인 이유도 없이, 지적인 일관성을 문제 삼지도 않으면서 나는 자발적으로어디서 그런 결론을 얻었는지도 모르고 루소와 똑같은 결론을 내린다. 그러므로 나는 효과를 얻기 위한 기도를 멈춘 것처럼 내가 해야 할 선한 행위를 실행하기 위한 기도를 멈춘다.

언어학적 분석

끝으로 사회학적인 영역에서 또 다른 결정적 요인을 지적해야겠다. 기도가 정보의 전달이 아니라 해도 기도는 무엇보다 먼저 말이다. 그것은 인간의 언어로서 하나님에 의해 고귀함과 숭고함과 의미가 새롭게 덧입혀진다. 인간의 말을 훼손하는 것은 기도를 훼손하는 것이라는 점을 지적할 수 있고 지적해야 한다. 기술 사회에서 사람들은 낱말들이 더는 말로 성립될 수 없는 언어의 비극적인 위기에 봉착해 있다는 점을 쉽게 알아볼 수 있다. 거기에는 여기서 우리가 다 낱낱이 분석할 수 없을 정도로 수많은 원인들이 있다. 단지 말하는 주체와 듣는 대상의 부재로 귀결되는 이 위기가 존재한다 것만을 유념하기로 하자.

언어 분석의 극단적인 풍조는 언어의 진정한 자율성을 인정하여 인간은 일종의 대변인 역할에 지나지 않는다고 주장한다. 실제로 말하는 것은 인간 자신이 아니다. 언어가 스스로 말하는 것뿐이다. 이는 언어가 사회적 맥락의 구조와 의미와 내용과 문장구조를 수용하고 있기 때문이다. 그것은 흔히 그런 것처럼 하나의 구조를 지니고 있고, 하나의 구조로서 자체적으로 기능을 한다. 내가 말할 때 나는 무엇인가를 말한다는 환상을 가진다. 그것은 환상이다. 말하고 있는 것은 내가 아니고 나를 통하여 언어가 말하고 있기 때문이다. "내가 말한다"가 아니라 "그것이 말한다"고 말해야 한다. 거기서는 말하는 주체가 없다. 마찬가지 방식으로 담화의 대상은 대화 상대로서의 2인칭의 "너"가 아니다. 그 대상도 의사소통의 체계 안에 들어 있다. 언어 관계에서는 이웃이 없다. 다만, 하나의 구조를 이루는 두 가지 요소들만 기능을 할 뿐이다.

아주 부정적인 이런 분석이 사실에 거의 부합한 것은 현대 사회에서의 만남의 부재, 나와 너의 부재라는 실제 상황에 기인한다. 왜냐하면, 인간은 자기가 살고 있는 물질들의 세계에서 스스로 사물화하려는 경향이 있기 때문이다. 그러나 언어가 그런 것이 되어 버린다면 언어는 더는 하나의 메시지나 케리그마를 담지 할 수 없고 단지 의사소통만을 담당한다. 내가 발음하는 낱말들은 말이 될 수가 없다. 메시지나 말이 성립되려면 말하는 사람이 말하는 그때에 자신의 인격을 함께 담아야 한다. 인격과 인격으로 성립되는 관계가 있어야 한다. 그러나 언어는 더는 그렇지 않다. 말하는 사람은 스스로는 아무것도 말할 수 없다. 듣는 사람은 스스로는 아무것도 들을 수 없다. 언어가 삶의 경험을 싣고 역동적이고 새롭고 생생한 기억을 부르는 말의 단계로 전개될 수가 없다. 이런 상황에서 말이 존재할 수 있는가? 아무런 내용을 담을 것이 없다면 어떻게 기도할 수 있는가?

이와 같은 구조 분석의 대상인 언어는 실제로 기도를 전달할 수 없다. 실상이 그러니 사람들이 어떻게 하나님과 주고받는 말로서 언어를 사용할 수 있겠는가? 우리는 상호 이해가 불가능하기 때문에 기도가 불가능한 아픔을 겪는다. 언어에 대한 그런 분석 결과들을 지적으로 탐색하여 사회학 이론이나 철학 이론을 세우는 것은 아무 소용이 없다. 여기서 얘기하는 것은 실제 경험에서 나온 것이다. 그런 실상을 경험한 사람은 비록 표현할 수 없다 할지라도 그것이 모든 기도에 끼치는 해를 알고 자신이 발설한 낱말들이 공허한 것임을 깨닫는다. 그리고 그는 성가신 정보들로 가득한 세상에서 방송의 독백과는 차원이 다른 기도를 어디에 담아야 할지 모른다. 기도의 깊은 원천이 그렇게 차단된다. 낱말들이 모여 하나의 말이 되기 전에 흩어져 버림으로 인한 공허함을 뼈저리게 경험하면서 우리는 심한 좌절과 혼란의 시대를 살아가고 있다.

2. 신학적인 합리화

신학에서도 다른 많은 경우와 사정은 마찬가지이다. 신학은 기존 상황과 사실을 합리화하면서 있는 그대로의 현실을 인정하고 그 현실이 하나님의 뜻에 잘 부합한다는 것을 우리에게 보여주려고 한다.[21] 그러므로 한편으로는 기도 자체가 아무 의미나 가치가 없다는 신학적인 이론들이 있는가 하면, 다른 한편으로는 기도가 아무 소용도 없는 상황에 대한 신학적인 이론들이 있다. 현재의 신학은 이렇게 두 가지 양상을 보여준다.

이와 같은 신학적인 논의들을 살펴볼 때 그 근원과 출발점은 과학에 대한 그리스도인들의 잘못된 인식과, 현대인의 성공에 대한 과대평가와, 현대의 기준에 맞추려는 조바심 그리고 자아에 대한 과대평가이다. 이 모든 것들은 성서의 기자들이 이미 다 알고 있었고 헛된 것으로 이미 판명되었지만, 신앙인의 마음을 끊임없이 엄습한다. 오늘날 그와 같은 맥락에서 새로운 신학적인 공세가 펼쳐지고 있다.

---

[21] 신학이 사실을 정당화하려고 사용된 가장 최근의 예는 로빈슨(J.-M. Robinson)의 『해석학』 *L'Herméneutique*에 나와 있다.

희소성의 원칙

여기서는 거기 관련된 모든 자료들을 다 분석하지 않고, 두 가지의 실례만을 들 것이다. 오늘날 기도는 광범위한 측면에서 용납될 수 없는 행위라고 가르치는 한 신학 학파가 있다.[22] 이를 두 가지 차원에서 검토해볼 수 있다. 왜 인간은 항상 기도가 필요했는가? 인간 본성 때문인가? 하나님이 인간의 마음에 기도의 필요성을 심어 놓으셨기 때문인가? 기도가 말로 구성되기 때문인가? 전혀 그렇지 않다. 이는 단지 인간이 희소성의 경제 원칙에 따라 살아왔기 때문이다. 재화를 얻기는 힘들었고 수요를 만족시키기는 것은 어려웠다. 인간은 모든 것이 부족한 것에 익숙하게 되었다. 풍성하게 넘쳐나는 것은 아주 드문 일이었다. 그래서 인간은 풍성한 것을 희망하기만 했을 뿐, 언제나 다소간에 거지같이 구걸하는 태도를 취했다. 남들이 자신을 동정하도록 손을 내밀어 간청했다. 그는 내일의 생계를 위해 남들의 동정심에서 의지했다. 거지는 행인에게 자신의 생계를 의지한다.

이처럼 인간은 하나님에게 자신의 생계를 의지한다. 따라서 인간은 경제적 상황 때문에 하나님에 관한 왜곡된 이미지를 가지게 되었다. 그는 하나님과 왜곡된 관계를 형성했다. 이제 현대의 풍요로운 사회에서 사람들은 하나님에게 애걸하여 초자연적인 방법으로 무언가를 얻으려고 할 필요가 없다. 우리는 참된 하나님과 참된 관계를 수립할 수 있다. 하나님은 우리에게 더는 은총을 베푸는 위대한 자선가가 아니다. 우리는 더는 은총이 필요하지도 않고 누군가가 우리에게 무엇인가를 베풀어줄 필요도 없다. 우리는 더는 물질적인 면에서 필요한 걸 얻으려고 하나님에게 의존하지 않는다.

이제 우리는 다른 차원을 접하게 된다. 기도는 하나님의 가부장적 이미

---

[22] 장 카르도넬(Jean Cardonnel), 『하나님은 예수 그리스도 안에서 죽었다』*Dieu est mort en Jésus-Christ*, 1968.

지에 따라 인간과 하나님의 관계가 어린 자녀와 가부장과의 관계처럼 되어버린 것과 관련이 있다. 기도 속에서 인간은 책임을 지는 것을 두려워하면서 어른의 명령과 조언과 보호를 기다리는 어린아이처럼 처신한다. 인간은 스스로 책임을 지는 대신에 순종하는 것만을 좋은 것으로 의식한다. 기도를 통해 우리는 하나님 앞에서 미성년자와 같은 상태에 놓인다. 기도는 우리를 위축시켜서 유치한 어린애 같은 수준이 되게 한다. 이는 예수가 우리에게 명령한 그런 이미지의 어린애가 아니다. 기도는 하나님과의 관계를 가부장적 보호자와의 관계로 만든다. 우리는 스스로 행동할 만큼 충분히 성장하지 않았다. 우리는 무책임과 무위와 우유부단에 빠져 있다. 우리는 스스로 내려야 할 결정을 하나님에게 맡긴다.

하나님은 인간에게 그런 것을 원하지 않는다. 하나님은 그와는 반대로 인간이 성인으로서의 책임감을 가지길 원한다. 그런데 지금 기술의 발달로 인간은 성인이 되었다. 우리는 책임을 질 수 있는 존재가 되었다. 우리는 우리 힘으로 모든 것을 실현할 수 있게 되었다. 이런 상황에서 우리는 다시는 기도의 필요성을 느끼지 않는다. 이전에 간구를 통해서 구하던 것을 이제 인간은 스스로 얻을 수 있다. 달리 말하자면, 우리는 기술적 수단들의 발달을 상상하면서 머릿속에 그렸던 것을 실제로 현실 속에서 얻게 된 것이다.

인간성의 성숙

일단의 신학자들은 이 상황을 단순한 사실로서 받아들이는 대신에 이것을 하나의 선, 하나의 영적인 성장으로 받아들인다. 그 성장의 내용은 무엇인가? 인간은 하나님에 관해 보다 진실에 근접한 새로운 인식에 이르렀다. 이제 예수 그리스도만을 인정하고, 인간이 그 앞에서 무력해지고 죄책감을 느끼고 왜소해지게 되는 초월적인 아버지의 개념은 버렸다. 형제이기에 인간에 대해 어떤 우월성도 가지지 않는 참 하나님인 예수 그리스도는 주장하지도 않고 주도하지도 않고 심판하지도 않고 명령하지도 않는다. 그는 인간을 친구로서 동등하게 대하고 열등하게 취급하지 않기 때문에 참된 하나님이다. 이런 형제에게 기도하는 것은 아무 소용이 없다. 게다가 우리는 이런 예수 그리스도를 구름 속에서나 초월적인 세계에서 만나지 않는다. 그가 우리의 형제인 것만을 원하는 까닭에 우리는 그를 우리 형제들 가운데서 만난다. 우리는 예수 그리스도 안에 있는 하나님을 우리의 이웃에게서 발견하는 것이다. 이는 두 계명[23]이 똑같은 계명이 되는 이유이다. 이는 또한 왜 기도가 큰 의미를 가지지 못하는지에 대한 이유가 되기도 한다. 사람들은 이웃을 위하여 간구할 것이 아니라 베풀어야 하는 것이다.

이처럼 신신학la nouvelle théologie,[24]은 신학적으로 더 정확한 새로운 관계 설정을 주장한다. 그것은 마태복음 25장의 비유에서 묘사된 것과 같다. 우리는 여기에는 기도의 역할이 없다는 점을 발견한다. 그러므로 이웃을 위하는 것이 중요하다. 그리고 그러한 마음가짐은 성숙하고 남자다운 것으로 풍요의 사회, 즉 인간의 새로운 상황에 부응한다. 또한 이와 같은 새로운 개념은 인간에 대해서 신학적으로 보다 더 적절하다. 성숙해진 인간은 인간의 존엄성을 얻게 된다. 교황은 이 "존엄성"이 신학적으로 새롭게 밝혀낸 것으로 선포할 필요성을 느꼈고, 그래서 그 신학자들은 이 존엄성이 하나님의 형상이라고 주장하기까지 했다. 그런데 이 존엄성 때문에 인간은 자신을 바로 세워 굽히지 않고, 스스로의 힘으로 일하고 간청하지 않고, 정의를자비심이 아니라 수립하고, 창세기에서 하나님이 준 소명에 따라 활동한

---

23) [역주] 마태복음 22:37-40.
24) [역주] 20세기 중반 독일과 프랑스의 가톨릭 신학자들을 중심으로 형성된 신학으로 제2차 바티칸 공회의 배경이 되었다. 이 책에서 엘룰은 사신 신학, 혁명 신학, 해석 신학, 비신화학 신학 등을 신신학으로 지칭하고 있다. 흔히 19세기와 20세기 전반기의 자유주의 신학과 혼동하는 경우가 많다.

다. 하나님과의 관계가 끊어진 것은 더는 감안하지 않는다. 그리고 그는 일어나는 현상들의 원인자가 되고 하나님에게서 인과율의 준엄성을 부여받을 필요가 더는 없다, 주도적으로 행동하고 자신보다 우월한 존재에게 보고할 필요 없이, 책임을 지고, 어떤 존재에게도 복종하지 않는다.

이것이 하나님보다 조금 못하게 창조되어서 하나님이 바라는 존재가 되려고 하는 인간의 존엄성으로서 그 신학적인 타당성에 대한 주장이 제기되고 있다. 그러므로 구약 성서와 신약의 서신서들이 인간성에 부과한 그 모든 수치스럽고 죄스러운 것들은 이제 폐기해야 한다. 그렇다면, 인간은 전적으로 하나님에게서 독립된 존재인가? "그렇다. 그것은 좋은 것이다. 왜냐하면, 이제 인간이 하나님을 섬기는 것은 인간의 자유로운 선택으로 하는 것이 되기 때문이다. 뭔가 이득을 보려는 모든 동기들이 사라졌기 때문에 이제 인간은 진정한 사랑으로 하나님과 관계를 맺는다. 인간은 하나님에게 바라는 것이 아무것도 없고 아무것도 기대하지 않는다. 하나님과 인간 사이의 상황이 정화되었다." 그러나 이런 상황에서는 하나님에 대한 두려움이 사라지는 것이 명백하다. 그 두려움은 성서에서는 지혜의 근본이었으나, 이제 사람들은 그것이 경제적 희소성과 가부장의 권위주의에서 나온 이미지에 불과하다고 한다. 하나님에 대한 순종도 기도도 없다. 하나님에게서 받을 것도 하나님에게 간청할 것도 없기 때문이다.

이 시대에 성인소위 말하는이 된 인간의 성숙소위 말하는은 어떤 현실에 상응하는 것으로서 그 현실에서 비롯되는 결과적인 현상들이 분명하게 나타나고 있다는 점을 인지해야 한다. 현대 사회에서는 기도하는 대신에 청구한다. 인간관계의 측면에서는 그 점이 중요한 특징들 중의 하나가 되었다고까지 말할 수 있게 되었다. 기도의 영이 이제 요구 사항을 청구하는 영으로 바뀐 시대에 우리는 살고 있다. 누군가에게 정중하게 요구하는 것혹은 기도하는 것이 이제 굴욕으로 여겨진다. 기도의 위대한 몸짓은 이제 열등한 태도로 해석된다. 무릎을 꿇는 것은 열세에 처한 상황을 수용하는 것이 된다. 폭넓은 의미에서 이는 제삼자가 없는 인간과 인간의 직접적인 관계에 맞는 말이다. 그러나 두 사람 사이에 제삼자인 하나님이 계신다면 다시는 열등함이 없다.

그러나 굴욕감을 느끼는 사람들은 하나님이 제삼자, 즉 인간관계의 필수적인 증인이 될 수 있음을 거부하는 사람들이다. 하나님이 함께하지 않으면 인간관계 자체가 존재하지 않는다. 수평적인 이타성[25]의 관계만을 인정하고 타인에게서 2인칭의 너 이외의 것을 보기를 거부한다면, 기도는 없을 것이고 소외 현상이 일어날 것이다.J.A.T. Robinson, [26] 그러나 타인을 만날 때 주님의 현존을 믿고, 그리스도 안에서 그리스도를 위하여 그를 대하면서 기도한다면 어떻게 굴욕감을 가지겠는가?

어떻게 사람들이 하나님이 하나님인 사실에서 굴욕감을 느낀다고 볼 수 있는가? 그렇다면, 어떻게 여기서 적선해달라고 간청하면서 아무런 굴욕감도 느끼지 않는 수많은 모로코 거지들의 존엄성을 생각해보지 않을 수 있는가? 그들은 스스로를 하나님에게 맡기며, 하나님을 향한 기도에 따라서 행인에게 간구하기 때문에 아무런 굴욕감도 느끼지 않는다. 하나님은 그들에게 존재의 거리, 존엄성, 평정심, 독립심을 준다. 구걸하는 자와 적선을 요청받은 자, 주는 자와 받는 자, 이 양자 사이의 중재자가 바로 하나님이다. 하나님은 두 사람 각자의 존엄성을 확고히 한다.

그러나 이 사실을 신신학을 주장하는 신학자들은 인지하지도 인정하지도 않는다. 그들은 추상적이고 체계적인 인간관계들을 설정하고, 현실은 고려하지 않은 채 적선을 구걸하는 것은 굴욕적인 것이고 어떤 존재에게라

---

25) [역주] 이타성(異他性). 자기 정체성과 상반되는 개념.
26) [역주] 존 로빈슨(John A. T. Robinson, 1919-1983), 성공회 주교. 하비 콕스와 함께 세속화 신학 수립. 만인구원론 주장.

도 기도하는 것은 미성숙한 행위라고 규정한다. 그 결과 지금의 인간관계는 의혹, 불신, 경멸의 관계가 되어버리면서 폭력이라는 극단으로까지 치닫기도 한다. 이것이 과연 아주 우월한 품성에서 나오는 것이며 성숙한 인간으로서의 품위에서 나오는 것이란 말인가!

사람들은 힘의 관계만을 내세우느라 기도를 거부한다. 물론 정복자같이 자신만만한 태도로 "우리는 자비심이 아니라 정의를 요구한다."라고 선포하듯이 말하면서 말이다. 여기서 '정의'란 다른 사람들에게 익명으로 나의 욕망을 만족시키라고 강요하는 것이다. 현대인은 분노와 질투에 사로잡혀 기도를 거부한다. 그게 성숙하다는 사람의 모습이다. 그에 따른 결과가 어찌 됐든 간에 그 신학자들은 그걸 발전이라고 기뻐한다. 그들은 그것이 정확히 하나님의 뜻에 부합한다고 설명한다. 사회학이 기술 사회의 인간형으로 제시하는 그런 인간 유형에 대해서 신신학은 상황에 따라 형성된 유형으로서 적절하고도 정당한 것이라고 주장한다. 기도를 경시하는 것을 합리화하는 신신학은 하나님의 부성조차도 경시한다. 그 두 가지는 함께 조화를 이룬다.

전근대적 부성 이미지

위와 같은 신학적 입장은 당연히 성서의 많은 텍스트들을 배제하고 폐기해야만 성립된다. 그러나 그런 가운데서도 그 신학자들은 거리낌 없이 능숙하게 자신들에게 맞는 성서의 텍스트들을 선택한다. 가장 많이 비판하는 텍스트들 중의 하나가 방탕한 둘째 아들의 비유이다.

그 비유 속에서 우리는 인간의 존엄성을 지키지 않고 처신하는 아들을 본다. 물론 그 아들의 첫 번째 행위는 "이해할 만한" 것이었다. 그는 아버지와의 관계를 끊고 혼자서 자기 운명을 개척하고자 한다. 아버지의 재산 중에서 자신이 유산으로 받을 몫을 요구하는 모습은 성숙한 성인다운 것이었다. 그런데 그 후에 그는 비참한 모습으로 돌아와서 굴욕적인 태도를 취하고 무릎을 꿇고 용서를 구한다. 그것은 엄청난 실추이다. "아들의 신분을 박탈해달라"는 기도의 예를 들어보자. 그가 아들로서 실추한 것은 그가 자신이 받은 돈을 탕진했을 때가 아니라 돌아와서 아버지에게 간구할 때였다. 더더군다나 그 비유물론 예수는 결코 그런 식으로 말하지 않았다는 그 아들이 떠나는 것은 반대하고 아들이 굴욕을 당하는 것은 찬성하는 듯한 분위기를 보여준다. 그것은 전형적인 부르주아[27]의 도덕이다.

그리고 아버지는 가부장적인 관계를 보여주는 전형적인 표상이다. 그는 모든 재산을 보유하고 있다. 그는 아들이 돌아오사 그에게 옷과 반지를 주고 살진 소를 잡게 함으로써 "훌륭한 주인"의 역할을 한다. 이는 아버지의 용서를 구하면서 아들로서 당연히 받을 권리 대신에 작은 선물을 얻는 것으로 겨우 궁지를 벗어나게 된 아들에게는 굴욕을 주는 태도가 아닐 수 없다. 장남에게는 더더욱 큰 가부장적 권위주의가 표현된다. 장남은 아버지의 명령을 받아야 하는 처지에 있고, 권리를 주장할 것은 하나도 없고, 항의하다가 곧 입을 다물게 되어 버렸다. 그는 줄곧 아버지를 위해 일하면서도 보수는 전혀 받지 못했다.

그 비유는 당시 사회의 가부장적 권위주의 구조만을 반영한 것으로 용납될 수 없는 것이다. 그 비유는 상급자가 구조적으로 하급자의 인격을 존중하지 않는 관계를 정당화하고 있다. 그것은 재원이 희소한 상황을 나타내 주는 것으로 용납될 수 없다. 제대로 보수를 받지 못하다가 실업 상태에 있는 둘째 아들은 품위 있는 생활을 유지할 수 있는 수단이 없어서 아버지에게 구속되고 굴욕적인 처지에 빠져들고 만다. 재산이 전부 다 아버지의 손

---

[27] 이 부르주아라는 단어는 이런 신학적 입장을 지지하는 많은 글들 속에서 발견된다. 나는 예수 그리스도의 시대와 사회에서 부르주아 정신은 과연 어떤 것이었는지 늘 스스로 되묻곤 한다.

에 들어가 있는 것은 경제적인 희소성의 상태에 있었기 때문이다. 그 비유는 용납될 수 없는 것으로 관계의 성립이 독립성과 자부심과 자율성 대신에 아직도 은혜와 용서와 기도에 의존되어 있다. 여기서 기도는 용납될 수 없는 것이다.

신의 죽음

기도를 희소성의 경제 원칙으로 보는 해석학을 기점으로 아버지와의 관계를 고찰해 보았다. 그러나 여기서 우리는 기도를 포기하는 것을 합리화 하는거기에 목적이 있는 것이 아니므로 간접적으로 신신학의 궁극적인 측면을 발견한다. 우리는 모두 "아버지의 죽음"이 필요하다는 신념의 영향을 받고 있다. 값싼 프로이트주의에서 나온 용어들과 이미지들에 사로잡혀서 아이가 아버지를 죽일 때[28] 아이는 비로소 어른이 된다고 사람들은 생각한다. 거기서 사람들은 신의 죽음이라는 신학사신 신학에 쉽게 빠져 들어간다. 물론 우리는 여기서 그런아주 다양한 신학을 분석하고 평가하지 않는다. 그런 신학은 상황적으로 다 설명이 된다. 그것은 앞에서 언급한 이미지와 우리 사회의 전반적인 신념의 단순한 반영이다. 거기에 대해서 사회학이 우리에게 설명해주는 것은 유익하다. 그러나 신학이 그것을 이용하는 것은 개탄스럽다.

그러나 사신 신학은 그리고 그 신학이 표현하고 설명하고 정당화하는 사회학적 심리학적 현실은 이런 질문을 필연적으로 던지게 한다. 사람들은 어떤 존재에게 기도할 것인가? 하나님은 죽었다는데 나는 기도를 누구에게 해야 하는가? 하나님이 더는 인격이 아니라는데, 그렇다면, 나는 어떻게 그에게 말을 건

---

28) 이런 말을 하는 사람들에게 나는 좀 더 용기를 내서 그들이 아버지를 피 흘려 실제로 죽이게 될 때만 그 말을 진지하게 받아들일 수 있을 거라고 대답하고 싶다. 그 이외의 것은, 즉 모욕적으로 아버지의 죽음을 이미지화하거나 문자화하는 것은 비겁하고 비천하고 조잡한 영혼을 드러내는 것에 불과하다.

넬 수 있는가? 그런 견지에서는 기도는 엄밀히 말해서 아무런 의미도 없다. 기도 자체가 성립조차 될 수 없다. 앞에서 언급한 바와 같이 기도는 기도의 대상에 의해서 의미를 갖는다. 그런데 이제 기도의 대상이 존재하지 않는다. 기도는 허공에다 대고 말하는 것이 되어 버렸다. 어쩌면 기도는 자기 자신에게 말하는 것인지도 모른다. 그런데 그게 어떻게 기도일 수 있는가. 이제 기도는 지나가는 바람에게 말하는 것이 된다. "하늘"이 비어 있고 아무것도 아닌 무無가 하나님이라면 어떻게 무엇인가를 기도로 표현할 수 있겠는가.

그것은 이미 지나간 시대에만 통용되던 하나님의 이미지라고 하면서, 사신 신학에서는 단지 인간이 다른 문화적 환경에서 형성된 하나님의 개념을 더는 믿을 수 없다는 사실을 지적한 것뿐이라는 말에 우리는 현혹되지 말아야 한다. 그리고 다른 문화적 환경에서 나온 용어들이나 표현들은 우리 문화에서는 더는 아무런 의미도 가지지 못한다고 한다. 그 말은 언뜻 보기에 현명하고 지혜로운 말 같지만 기실 다른 뜻을 품고 있다.

누군가 하나님이 모든 존재의 보편적 원리임을 부인한다고 하자. 그러나 사람들은 곧 그 말이 창조주를 문제 삼는 것으로 창조주는 과학이 없던 시대에나 해당하는 개념이고, 창조는 실존의 현실 세계를 설명하고자 하는 것이 아니라 하나의 순전한 신화에 불과하다는 뜻이라고 알아듣는다. 누군가 "스스로 존재하는 하나님"에 대해 이의를 제기하며 그것은 낡은 개념이라고 한다. 그러나 하나님이 "스스로 존재하지" 않는다면─물론 존재와 실존의 문제를 혼동하지는 말아야 한다─존재란 무엇인가? 이런 논의는 본질주의적인 입장으로 받아들여진다. 그러나 어쨌든 하나님이 존재하지 않는다면 사람들은 어떻게 기도하겠는가? 그 하나님은 "실체적인 것도 실체도" 아니라고 말하는 사람들도 있다. 그러나 그와 같은 "개념들"은 오늘날 너무나 많아서 셀 수 없을 지경에 이르렀다. 궁극적인 존재로서의 하나님, 깊은 심연의 하나님, 구원의 하나님, 인간 존재를 창조한 근원, 인간의 사회생활의 목적인 하나님, 인간의 역사적 존재의 근원인 하나님 등과 같은 개념들은 그런 신학의 한계들과 가치를 다 보여주고 있다.

사신 신학은 바우어[29]와 포이에르바하[30]가 한 실험을 다시 시도하고 있다. 그들은 당시 과학의 수준에서 하나님을 복원시키려고 시도했다. 하나님을 과학의 관점에서 받아들일 수 있게 하려고 했다. 그런데 그 논리의 전제 조건은 하나님의 죽음을 인정하는 것이었다. 그러나 그렇게 함으로써 전적으로 추상적인삼위일체와 같은 교리들보다 더한 "개념"을 만들어서, 순전히 사변적인 신학에 빠져 들어갔다. 그것은 외형상으로는 과학적이지만 성서 텍스트를 거부함으로써 사실상으로는 가공의 체계에 지나지 않는다. 거기서 성서 텍스트는 간혹 가다가 이용되기도 하지만 쓸모없는 준거가 되어버리면서, 불확실하고 열정적인 신비주의에 의해 전체적으로 대충 읽혀지고, 결국에 가서는 그 존재 이유를 상실하고 만다.

그런 상황에서 사신 신학이 훌륭한 결과를 얻지 못할 것은 확실해 보인다. 그 신학은 전통적인 그리스도인들에게는 경청의 대상이 될 수 없다. 그리스도인들은 그들 자신에게는 아직도 유효한 이미지들에 집착한다. 또한 사신 신학은 비그리스도인들에게는 전혀 관심을 불러일으키지 못한다. 그 신학을 통해서 불신자들에게 다가갈 수 있다고 믿는 것은 커다란 환상에 지나지 않는다. 바우어와 포이에르바하의 실패의 교훈은 불신자들은 그 신학 이론들로부터 자신들의 불신과 하나님의 진리와 현존에 대한 부정을 강화할 수 있는 논리를 얻어낼 것이라는 사실이다. 어떤 이론을 제시한다 할지라

---

29) [역주]브뤼노 바우어(Bruno Bauer, 1809-1882), 헤겔 좌파적 신학자로서 복음서 비판을 통해서 무신론자가 되었다

30) [역주]루드비히 포이에르바하(Ludwig Feuerbach, 1804-1872), 유물론 철학자. 1841년에 출판된 『기독교의 본질』에서 종교는 인간 욕망의 투영이며 소외의 한 형태라고 주장했다.

도

　그러나 그 이외의 나머지 이론은 불신자들에게 관심 밖이다. 그러한 분석과 고찰은 몇몇 지성인들의 성찰을 불러일으킬 수 있다. 그런데 왜 걱정하느냐는 반문이 일어날 수도 있을 것이다. 왜냐하면, 사신 신학이 대규모의 스펙터클 작품으로 상영될 수 있기 때문이다. 그 신학은 매스미디어를 통해서 충격적인 내용의 몇몇 작품들로 전파되었다. 상황이 그렇게 되는 것은 신학자들이 승인하고 인가한 신의 죽음은 "충격적인 사건이 일면의 머리기사가 된다"는 언론의 황금률에 부합하는 "충격적인 타이틀"이 되기 때문이다. 그것은 교황의 죽음이나 인간의 달 착륙이나 비아프라 전쟁과 같이 사람들의 흥미를 끈다. 그런 종교적 타이틀에 의해서 신자들은 갈등을 겪고 신앙의 회의에 빠지고 소망의 좌절을 경험하게 된다. 신앙의 순응주의를 깨뜨리는 것은 아주 좋은 일이다. 그러나 그것이 뉴스 속보에 의해서 그 모든 오류와 공허한 말들을 통하여 이루어진다면 그래도 좋을까? 이에 대한 논의를 여기서 더 진전시키진 않을 것이다.

　신학자가 아닌 그리스도인들에게 남는 것은 기도를 무력화시키는 불안과 의심이다. 하나님이 아무것도 아닌 무無이고, 하나님에게 바랄 것이 아무것도 없다면, 대체 무엇을 기도하고 다가갈 수 없는 존재에게 어떤 말을 건넬 것인가? 기도는 허공을 향한 외침에 불과한가? 친구가 친구에게 하듯이 인간이 하나님과 대면하여 과거에 얘기했고 또 지금도 얘기할 수 있다는 것이 사실이 아니라는데 기도가 다 무슨 소용인가? 허무함과 쓰라림만이 기도를 위해 열려야 할 입을 채운다. 그 쓰라린 느낌은 감히 표현되지 못한다. 누구에게 표현하겠는가? 그 허무감이 부르짖으려는 외침을 막아 버린다. 하나님이 더는 존재하지 않으니, 기도하기 위해 양손을 모으는 것은 을씨년스러운 희극이 되어 버리고 기도하는 것은 거울 앞에서 독백하는 것이 되고 만다.

그러나 사정을 잘 알지 못하는 평범한 신자들이 그렇게 느낀다고 할 때, 지식인들과 신학자들은 이 사신 신학 때문에 기도 생활에 지장을 받지 않는다고 누가 확신할 수 있겠는가. 사정을 잘 안다고 해도 어떻게 의심이 들지 않을 수 있으며 기도 대신 침묵의 유혹을 받지 않겠는가? 눈앞의 세상이 전부라면 내 이웃이 아닌 다른 존재에게 말한다는 게 무슨 소용이며, 또 이 세상에는 무엇을 말할 수 있겠는가? 모호하고 불확실하고 지성주의적이고 깊은 통찰이 결여되면 기도가 고갈된다. 이제 목회자는 이렇게 말할 수 있을 것이다. "형제들이여 그래도 우리는 기도하려고 시도는 해볼 수 있지 않을까요?" 헛수고에다 어렵기만 한데 왜 그런 시도를 하겠는가? 궁극적으로 말은 허공 속으로 퍼지고 말거나 자신에게 되돌아오게 될 뿐이다. 그 말을 들을 사람은 아무도 없을 것이므로, 그 말은 꺼내자마자 죽은 말이 될 것이다. 그런데 왜 내 입술에서 그 말을 꺼낼 것인가?

"신의 죽음"이라는 개념이 사람들이 흔히 말하는 그런 의미가 아닌 걸 알면서도 나는 말할 때마다 그걸 의식하게 되어 불편해진다. "신의 죽음에 대해서 어떻게 생각하세요?"라는 말에서 벗어날 수 없다. 나의 기도는 순전히 영적인 것이 되어버리지 않는다면 스스로 고갈되어버리고 만다. 이 신학이 주는 유혹은 명확한 표현 방식이 없는 기도나, 열정적이지만 내용은 하나도 없는 기도를 하는 것이다. "하늘에 계신 우리 아버지"를 부르거나 아버지에게 말하듯이 기도하는 것은 아무 소용도 없다. 하늘은 존재하지 않고 하나님의 존재는 잘못된 개념에 불과하며 이름을 부르는 것은 단순한 외침에 해당하고 감탄의 말은 내용이 없으며 성례전은 시대에 뒤진 예식에 불과하다.

순전히 영적인 기도란 언어도 이미지도 준거 말씀도 구하는 것도 없는, 그러나 사랑과 열정으로 충만한 것이리라. 그런데 그렇게 말할 만한 기도가 존재하는가? 우리에게 그런 기도가 있다. 그것은 옛날의 신비주의자들의 기도이다. 그것은 깊은 침묵에 빠져서 말로 표현할 수도 전달할 수도 없는 상태에 들어가는 것이다. 사신 신학이 순전히 메마른 지적 사상에 머물지 않고 영적인 내용을 갖추기를 원한다면 신비주의자의 순수한 상태를 지향할 수밖에 없다.

그러나 신비주의자의 적성이나 기질이 없는 사람은 어떻게 해야 하는가? 사정은 간단하다. 신학적인 회의주의에 확고히 서서 기도하지 않는 사회적 경향을 따르기만 하면 된다. 우리 사회의 모든 것이 묵상을 경시하고 기도를 소홀히 여기게 한다. 사람들은 이제 기도할 의욕이 없고 어떤 순간에도 기도해야겠다는 마음을 품지 않는다. 기도를 적게 하면 할수록 기도하기는 점점 더 어려워진다. 어떤 불편함이나 회한에 대한 두려움 때문에 기도를 소홀히 하면서 사람들은 기도할 때 하나님의 현존을 발견하게 될까 봐 두려워한다. 그러나 다행하게도 신학이 그 사람들을 거기서 구출해 준다. 어찌 됐든 사람들은 기도 가운데 어떤 인격이나 어떤 사물과도 마주치지 않을 것이다. 그냥 하는 말이나 그냥 말하는 방식에 그칠 뿐이다.

신신학은, 평화와 기도를 위해서, 모든 것을 메마르게 하는 이 사회의 덕목을 물리치고, 사회적인 무기력을 극복하고 기존 체계의 구조를 해체하고, 행동주의를 신성시하지 않도록 독려하기는커녕 사람들을 기도에서 멀어지게 하는 요인들을 공고하게 할 뿐이다. 이 신학은 "꺼져가는 작은 심지"를 조심스럽게 꺼버린다. 거기서 나는 연기가 사람들을 혼란스럽게 한다. 그 신학은 조금 꺾여 있는 갈대를 완전히 꺾어버린다. 그것은 장소를 깨끗하게 하는 데 필요한 일이다. 정직성과 진정성이라는 구실로 완전히 아무것도 없이 깨끗이 비워버리는 것이다. 남는 것은 아무 것도, 특히 기도에 관한 것은 하나도 없고 단지 강한 무의식만 남는다. 모든 것을 소독해야 한다. 그와 같은 것을, 시대에 뒤진 옛날의 진리의 텍스트들 속에서는, 집을 청소하여 구석에 숨어 있는 작은 귀신도 다 쫓아내서 깨끗하게 정리하는 것이라고 했다. 그것은 또한 시체의 상태를 보는 것을 피하려고 무덤에 회칠하는 것이라고도 했다.

제4장 기도하는 유일한 이유

　서구인이 처한 현실적인 상황 속에서는 기도의 필요성이나 유익성을 입증할 수 있는 증거를 하나도 찾을 수 없다. 인간에게 기도는 필수적인 것이라는 주장은 헛된 말이 된다. 오늘날 사람들은 기도하지 않고 잘 지낸다. 기도하지 않아도 아무 부족함이 없다. 기도할 때 그 기도는 옛날의 미신 풍속과 같은 불필요한 행위처럼 느껴진다. 사람들은 기도하지 않고 온전하게 살 수 있다. 그것은 이미 입증되었다. 사람들이 정말 기도할 필요가 있는지도 사람들이 그 필요성을 느끼지 못한다 할지라도, 기도하는 것이 더 나은 것인지도 증명할 수 없다. 우리가 내세울 어떤 이유도, 증거도 동기도 찾을 수 없다.

　모든 사람에게 해당하는 이런 상황은 겉으로 보는 것과 달리 그리스도인들에게도 마찬가지이다. 교회 안에서 우리는 모순에 사로잡혀 있다. 한편으로는 개인 기도가 고갈되어가는 것이 분명하다. 사람들은 성경을 점점 덜 읽고 묵상도 덜 하고 개인적인 기도도 점점 뜸해진다. 사람들은 행동하는 것과 그리스도인의 삶을 표명하는 데 있어서 공동으로 함께하려고 한다. 사람들은 신앙과 표현과 봉사의 공동체를 찾는다. 그리스도인의 삶은 점점 공동체적인 것으로 인식되고 있다. 그러나 이런 현상은 바로 개인 기도의 비중을 최소화한다. 그런데 또 다른 한편으로는 예전과 공동 기도와 전례에 대하여 반감을 가지고 공적인 기도는 무익하다고 생각하고 합심 기도는 진정한 기도가 되기 어렵다고 말한다. 이제 기도는 개인 기도와 공동 기도의 두 영역에서 다 패자가 되고 만다. 사람들에겐 더는 기도해야 할 이유가 없다.

그렇다면, 이렇게 말할 수 있다. "그런데 꼭 기도해야 할 이유가 있어야 하는가? 꼭 기도할 동기들을 찾아야 하는가? 그런 것들은 사실 순전히 이론적이고 지적인 것에 불과하다. 나에게 합당하고 분명하고 명백하고 스스로 자각하는 이유가 있기 때문에 실제로 내가 기도하게 되는가? 무엇인가가 있기 때문에 기도하게 되는가? 기도하려면 이유가 있어야 하는가? 기도는 영적인 행위이다. 그러므로 기도는 영적인 행위로 수용하고 경험해야 하는 것이다. 그런데 영적인 행위라는 측면에서 증거를 찾거나 이유를 대야 할 필요가 없다. 기도를 하거나 안 하거나 할 뿐이다. 충만한 신앙은 밖으로 표현된다. 신앙이 없다면 그 모든 증거들이나 동기들이 사람들로 하여금 기도하게 하지 못할 것이다. 어쩌면 어떤 이유들 때문에 기도를 의무적으로 하게 될 수도 있을 것이다. 그러나 그렇게 기도가 의무적으로 강요당해서 하는 것인가? 강요된 것이라면 그것이 진정한 기도가 될 수 있는가? 기도는 경험하는 것이다. 기도는 주님과의 과거와 현재의 만남에 의거한다. 그런 경험을 한 사람은 기도가 얼마나 중요한지 알게 된다. 기도는 실행하면 된다. 기도는 그런 차원에 속하는 것이지 이성의 지적인 차원에 속하는 것이 아니기 때문이다."

그런 모든 말은 사실 그대로이다. 그러나 그런 긍정적인 기도의 경험이 아직 없는 사람이나, 기도할 때 응답받지 못하여 공허함만을 느낀 부정적인 경험을 한 사람을 무시하면 안 된다. 영적인 삶에서 체험에 대한 현대의 비판적인 시각을 경시해서는 안 된다. 바르트를 좇아서 신앙생활을 객관화하려는 경향이 있는가 하면, 신신학에서는 그런 체험을 과거의 잘못된 신학에 기인한 것으로 비판하며 부정한다. 그것은 죄와 회개의 경험경직된 것으로 받아들여서을 거부하고 기도를 헛된 환상으로 평가하여 부인하는 것이다. 이제 앞에서 언급한 바와 같이 현대인이 처한 구체적인 상황을 살펴보자.

모든 교회에서와같이 모든 그리스도인들의 신앙생활에서 겪게 되는 영적인 나태와 미온적인 태도와 허물들과 변명을 대면하고서 하나님은 계명을 통하여 우리를 도우러 온다고 성서는 말한다. 물론 늘 성령의 인도함을 따라 사는 사람이라면, 계명을 능가해서 하나님의 뜻을 성취하며 모든 영적인 현실과 진리를 경험할 것이다.

그것은 맞는 말이다. 그러나 영적으로 메마르고 경직되고 병들고 좌절하고 소외되고 부정적이고 불순종하고 거부하는 때는 어떻게 하는가? "우리 가슴 속에서" "하나님의 얼굴을 찾으라"는 음성이 들리지 않을 때면 어떻게 하는가? 하나님과 나 사이에 방해물들과 오해들이 잔뜩 쌓여만 간다면 어떻게 하는가? 탕자의 비유에 나오는 둘째 아들처럼 아버지에게 되돌아갈 수가 없다면 어떻게 하는가? 돌아가기에는 너무 수치스러울 때, 하나님과 나 사이에 두려움과 회한들을 산처럼 쌓아놓아서 돌이킬 수 없는 것 같이 생각될 때는 어떻게 하는가? 모든 것이 나에게 등을 돌릴 때 나는 내 안의 어디에서 기도의 열의와 격정을 찾을 수 있을까? 그런 때에는 실제로 내가 붙잡을 수 있는 "하나의 이유"가 있어야 한다. 그 "하나의 이유"는 외부에서 나에게 객관적으로 주어지는 것으로 나에게는 의무적이어서 내 등을 미는 손과 같이 나로 하여금 앞으로 나아가게 하며 기도하게 한다. 그것은 하나님이 당신의 긍휼함으로 나에게 부여한 계명으로서 내 마음과 내 삶의 빈 곳을 채운다. "깨어서 기도하라." 이는 현대인이 기도할 유일한 이유이다.

1. 계명

계명이라는 용어에 대한 합의가 아직도 필요한 것인지 모르겠다. 바르트 이래로 그 차이가 다 알려져 있지만 율법과 계명 사이의 차이점과 대립점을 여기서 다시 환기시키는 것은 전혀 무익하지는 않을 것이다.

율법은 항상 객관적이고 보편적이고 중립적이고 등가적이다. 그것은 그 자체로 존재한다. 율법은 내 앞에 놓여 있다. 나는 율법에게는 낯선 존재이다. 그것은 외부에서 나를 향한다. 그것은 나의 모든 행위를 하나하나 평가하는 하나의 기준으로 존재한다. 그것은 모든 상황에서 나에게 부과되는 하나의 냉정한 요구이며, 나의 의지를 꺾어버리지는 않지만 그 객관성을 통해서 전적인 복종을 요구하여 내 의지를 소멸시키는 하나의 구속이다. 율법은 하나의 사물이다. 그것은 내 삶의 바깥에서 내가 처한 상황들을 고려하지 않는다. 그것은 완전하고 차분하다. 그것은 나의 죽음과 고통, 나의 연약함과 허영심에 무관심하다.

계명은 그것과는 정반대이다. 계명은 나에게 전해지는 개인적인 말씀이다. 하나의 계명은 항상 명령하는 존재가 거기에 복종해야 하는 존재에게 전하는 개별화 된 말씀이다. 그것은 상급자의 의지를 표명한다. 그러나 한 개인에게 전달될 때 그것은 그 개인이 처한 상황들을 고려하고 그 인간적인 현실을 배려한다. 그것은 언제나 지금 여기서 작성되는 것이다. 그것은 언제나 상황에 따르는 말씀으로서, 그 계명을 정한 것이 하나님임에도 불구하고 영원한 지속성을 띠지 않는다. 그것은 언제나 구체적인 조건들에 따라 작성되어서 반드시 그 조건들과 관련지어서 해석되어야 한다. 그것은 인격과 인격의 관계이다.

물론 율법은 계명으로 변화될 수 있고, 개별적인 삶의 조건 속에 있는 개인에게 적용하기 위하여 얼음같이 차가운 위엄을 벗어버릴 수 있다. 어떤 의미에서 유대인들은 시편 119편이 보여주는 것처럼 이렇게 율법을 계명으로 변화시켰을 것이다. 예수 그리스도 안에서 율법은 완성되었다. 여기에서 율법은 율법이 아니라 계명이라는 점을 밝혀둔다. 그러나 가장 좋지 않은 변화는 곧 계명을 율법으로 변화시키는 것이다. 그것은 하나님의 말씀을 객관화시키는 것이고 계명을 율법적으로 해석하는 것이다. 하나님과 인간이 함께하는 영적인 여정의 역사, 즉 성서에 나오는 역사 속에서 하나님이 인간에게 전한 말씀은 그 자체로 유효한 일반적인 율법으로 변경될 수는 없는 것이다.

가장 중요한 것은 그 계명은 "현재화되는"인간의 노력과 해석학적 방법들 때문이 아니라 것이다. 즉, 각자가 자신의 마음에 현실적인 것으로 개인적인 것으로 받아들이는 것이다. 계명의 선포와 선언은 새로운 말씀으로 새롭게 들어야 하고 받아들여야 한다. 그것은 처음으로 하나님이 나에게 주시는 말씀이요 지금 내가 실천해야 하는 말씀이다. 그것은 부름으로 전해지는 하나의 의무이다. 계명의 표명 자체가 하나의 부름이다. 명령은 그 자체로는 의미가 없다. 그러나 하나의 부름은 나를 부르는 존재와 내가 온전한 관계를 맺게 하는 것이다. 그 말씀을 들을 때 그 말씀은 나를 그냥 두지 않는다. 나는 독립적인 존재로서 나의 의지로 스스로 선택할 수 있도록 허용된다. 내게 주어진 명령은 내가 갈 방향을 정해준다. 그러나 먼저 나는 그 명령을 나와 관련된 살아있는 계명으로 받아들여야 한다.

그러한 계명의 부름은 성서 속에만 그 전부가 기록되어 있다. 그러나 그 이유가 성서가 "문자로 기록된 것"그래서 객관적인이라서 그런 것은 아니다. 만약 그렇다면, 그것은 더는 말씀이 되지 않고 문자가 되고 계명은 율법이 되어 버린다. 성서에 기록된 말씀은 언제나 살아있고 그것을 읽는 사람에게 계속해서 말한다. 이와 같이, 기도하라는 계명은 언제나 새롭게 갱신되고 모든 시대에 걸쳐서 개개인에게 말씀으로 전해진다. "환난 날에 나를 부르라 내가 너를 건지리니 네가 나를 영화롭게 하리로다."시편 50:15 "시험에 들지 않게 깨어 기도하라"마태복음 26:41라고 겟세마네 동산에서 예수는 경고하였다. 예수는 종말의 징조들을 전하면서 명령한다. "이러므로 너희는 장차 올 이 모든 일을 능히 피하고 인자 앞에 서도록 항상 기도하며 깨어 있으라 하시니라."누가복음 21:36 사도 바울은 윤리적인 사항들을 지적하면서 말한다. "너희를 권면하노니 게으른 자들을 권계하며 마음이 약한 자들을 격려하고 힘이 없는 자들을 붙들어 주며 모든 사람에게 오래 참으라. 삼가 누가 누구에게든지 악으로 악을 갚지 말게 하고 서로 대하든지 모든 사람을 대하든지 항상 선을 따르라… 쉬지 말고 기도하라. 범사에 감사하라 이것이 그리스도 예수 안에서 너희를 향하신 하나님의 뜻이니라."데살로니가전서 5:14-20 기도하라는 것은 명령이다. 감사하라는 것은 우리를 향한 하나님의 뜻이다.

그러나 아주 오래전에 다른 사람들에게 한 것으로 보이는 이 말씀들이 우리 자신들을 향한 개인적인 것으로 지금 따라야 할 계명으로 다가오지 않는가. 이는 그 말씀들이 지적하는 상황이 언제나 나의 상황과 같기 때문이다. 나는 유혹에서 자유로운가? 예수 그리스도가 고뇌 가운데 있을 때 자고 싶은 유혹에서 자유로울까? 그리고 무관심의 유혹, 무감각의 유혹, 소외의 유혹, 그리고 스스로 자기 자신을 포기하고픈 유혹에서 벗어날 수 있을까? 고뇌와 번민과 불행과 절망에서 자유로울 수 있을까?[31] 내가 고통 가운데 있기 때문에 나에게 개인적으로 다가오는 시편 50편의 말씀을 경청해야 하지 않을까? 약한 자들을 돕고 가난한 자들을 위로하고 삼가 악을 악으로 갚지 말라는 소명을 나는 따르지 않아도 될까? 그러나 내가 이런 인간적인 삶의 의미와 내용을 수용한다면 어떻게 기도하지 않고 그것을 성취할 수 있을까?

---

31) "기도하기에 제일 좋은 마음 상태는 침통하고 버림받고 모든 것을 잃은 상태이다."-성 어거스틴(St. Augustin). 현대의 기도의 실제적인 상황은 바로 그런 상태를 보여준다.

사역을 받아들이고 책임을 맡는 것은 나로 하여금 이 기도의 계명을 당연한 것으로 수용하게 한다. 그렇지 않으면 사역은 진리대로 물리적으로는 성취될 수 있지만 결코 성취될 수 없으며 맡은 책임을 결코 이행할 수 없게 된다. 그러면 나는 종말의 환난에서 벗어나게 될까? 전쟁과 전쟁의 소문과 민족들의 충돌과 분노와 위협에서 안전할까? 나는 세월의 풍파에 영향을 받지 않을까? 나는 "음식의 과잉 섭취소비!와 일상의 근심거리들과도한 노동 과 생산성 때문에 심장이 과부하 상태에" 걸리지 않을 수 있을까? 이 모든 것이 바로 내가 처한 상황이요 매 순간의 내 삶이다. 그런데 어떻게 내가 그런 상황과 조건 속에서 나에게 전해진 하나의 계명인 기도의 명령을 수용하지 않을 수 있을까? 상황과 조건의 동일성은 이전에 남들에게 전해진 말씀이 지금 나에게 실제로 전해지는 말씀이 되게 한다.

그런 상황에서 기도만이 "일어나 머리를 들라 너희 속량이 가까웠느니라"누가복음 21:28라는 예수의 말씀을 듣게 하고, 인자 앞에 서게 할 것이다. 기도는 포기나 패배나 책임의 회피가 아니라 정반대로 우리의 인격을 온전하게 하고 책임을 지게 한다. 이 말은 이 같은 상황에서 기도하지 않으면 사람들은 비열해지고 두려움과 이기심과 망상에 빠진다는 걸 뜻한다. 어떻게 내가 그 계명을 아주 개인적인 것으로 수용하지 않을 수 있겠는가? 나에게 하나의 온전한 인격이 되는 유일한 길을 제시해주니 말이다. 그 길은 내가 논리적으로 생각하거나 분석한 것이 아니라 그 말씀이 나에게 반문하고 나에게 의문을 제기해서 찾게 된 것이다.

이러한 견지에서 우리는 "쉬지 않고 기도하라"는 말씀을 명령으로 받아들인다. 기도는 어떤 일시적인 행위가 아니다. 몇 분의 묵상으로 끝나는 것이 아니다. 우리가 보아온 바와 같이, 기도는 아주 우발적인 사건들위협, 사고, 전쟁과 연관되어 있지만 동시에 아주 지속적인 것들고통, 책임과 연결되어 있다. 기도는 삶 전체에 속한 것으로 빠져나갈 구멍이 전혀 없으며, 가장 표면적인 것에서부터 가장 심오한 것에 이르기까지, 남들에 대한 도덕적 책임에서부터 소비사회의 일원이 되는 데에 이르기까지 다 포함한다. 기도는 일시적인 것이 아니다. 그것은 끊어지지 않는 실타래로 짜인 직물이다. 그 직물에는 나의 일들과 내가 내린 선택들과 내 감정들과 내 행위들이 끈처럼 가장자리를 두르고 있다. 그 직물이 없으면 끈은 결코 하나의 앙상블, 하나의 그림이 될 수 없다. 삶이라는 옷감을 결코 짤 수 없을 것이다. 실제로 우리는 모든 권유와 유혹에 넘어가 버릴 것이다. 기도하지 않으면 우리는 모든 교리와 교훈에 따라 왔다갔다 흔들리는 아이들과 같이 될 것이다.

지속적인 기도

좀 더 깊은 이야기를 꺼내보자. 판사를 귀찮게 하여 정당한 판결을 얻어내는 과부의 비유를 보자. 그러나 여기서 그 이야기의 처음과 끝부분누가복음 18,1-8에 특히 주의를 기울여야 한다. 복음서기자는 예수가 "항상 기도하고 낙심하지 말아야 할 것을" 권하려고 이 비유를 들었다고 기록한다. 그러나 이상하게도많은 비평가들이 아주 괴상한 방식으로 이 구절을 떼어서 이는 별개의 말씀으로 우연히 여기에 삽입된 것이라고 주장한다 그 이야기는 두 개의 결론으로 끝이 난다. 아니 하나의 정상적인 결론과, 그것과는 별 상관없는 하나의 질문으로 결말을 맺는다. "하나님께서 그 밤낮 부르짖는 택하신 자들의 원한을 풀어 주지 아니하시겠느냐." 즉 기도의 끈을 결코 놓지 말라는 권면이 그 결론이다.

그러나 바로 이어서 "그러나 인자가 올 때에 세상에서 믿음을 보겠느냐?"라는 말씀이 나온다. 이는 언뜻 보기에 비정상적인 이상한 질문이다. 그런데 바로 이것이 기도의 계명과 직접적인 연관이 있다고 여겨진다. 그것은 진정으로 중대한 책임을 말한다. 그 비유에서 중요하게 보이는 바, 판결의 정의로 응답을 받는 것은 사회적인 정의나 절차상의 정의도 아니고 나에게 악을 행한 사람들로부터 나를 지키기 위한 것도 아니다. 그것은 궁극적인 결정적인 정의로서 인간을 의롭게 하는 것이고 하나님 안에서의 평화요 천국이요 모든 것을 비추는 정의의 태양이다. 기도는 그러한 승리에 결정적인 역할을 한다. 하나님이 그 승리를 가져다주기 때문이다.

그러나 기도는 계속해야만 한다. 그렇게 지속하는 걸 보장하는 것은 아무것도 없다. 왜냐하면, 기도는 믿음으로 하는 것이기 때문이다. 예수는 그 질문을 통하여 기도가 계속되는 것을 보장할 수 있는 것은 아무것도 없음을 우리에게 지적하고 있는 것이다. 그래서 깨어있는 것은 기도와 밀접한 관련이 있다. 또한 믿음이 이 땅 위에 남아 있는 것은 우리에게 달려 있다. 이를 위해서 우리는 깨어있어야 하고 오래 인내해야 하고 자발적이어야 한다. 우리는 모든 것이 우리에게 등을 돌리고 하나님이 침묵하는 것 같을 때에도 계속해서 믿음을 유지해야 한다. 우리는 계속해서 기도해야 한다. 왜냐하면, 믿음이 유지되는 것은 그 기도에 달려 있기 때문이다. 모든 것이 우리를 실망하게 하고 우리에게 기도의 동기도 흥미도 사라지고 없을 때에도 계속해서 기도해야 한다. 왜냐하면, 기도가 믿음을 지속하게 하기 때문이다. 그것만이 인자가 다시 올 때까지 믿음이 유지되게 하는 것이다. 그것이 기도를 계속해서 하는 것에 따르는 책임이기도 하다.

성서 읽기

기도는 그 전부가 실존에 달려 있다. 실존은 객관적이지만, 인간적인 차원에서 상황에 따라 끊임없이 생생해지는 것으로서 계명을 끊임없이 "밖에–존재"ec-sistence 오늘날 유행하는 언어의 유희에 따른 신조어하게 한다. 인간은 하나님이 기도하라고 명령해서 기도한다. 이 계명은 기도가 지금 실행되게 하는 조건이다. 오직 성서에서만 우리는 그 계명을 발견한다. 성서를 읽음으로써 인간은 기도하라는 명령을 받을 수 있다. 그러므로 어떤 의미에서 우리는 이렇게 말할 수 있다. 성서 읽기를 지속하는 한, 기도는 없어지지 않는다. 이는 나아가서 성서가 우리에게 그런 기도에의 부름을 전달해줄 뿐만 아니라 역사적으로 과거에 존재했던 기도의 실례를 보여준다는 점에서 더더욱 그렇다. 그 과거의 기도는 매 순간 현재 우리의 기도가 될 수 있다.

하나님의 말씀은 외적인 명령을 전달하는 것이 아니라 동시에 그 말씀을 그대로 성취시키는 것이다. 기도하라는 명령이 있기에 동시에 기도의 실체가 있는 것이다. 하나님의 명령은 추상적인 것이 아니라 실제 현실에서 구현되는 것이다. 이는 언약의 하나님을 향한 이스라엘 백성의 기도의 법령인 시편이나 하나님과 투쟁하는 욥의 기도들만이 아니다. 하나님의 말씀의 담지자는 모두가 다 아브라함, 모세, 다윗, 솔로몬과 같은 기도의 사람이었다. 이들 각자는 우리에게 하나의 기도 유형과 기도의 실례들을 우리에게 남기면서 또한 고유하면서도 우리 각자가 본받을 수 있는 하나님과의 교제의 모범을 제시하였다. 성서를 읽는 것은 기도를 읽는 것이요 기도를 실천하는 것이고 성서 본문이 우리에게 전하는 계명에 순종하는 것이다.

이러한 성서 읽기에서 복잡한 해석학을 응용하거나 비신화화 이론을 적용할 필요가 전혀 없다. 기도의 책으로서 성서는 바로 이해가 가능하고 "실존적"이기 때문이다. 윤리학적, 신학적, 역사적인 다른 본문들은 해석이나 재해석이 필요할지라도 기도에 관해서는 그럴 필요가 없다. 기도는 독자와 성서 속의 인물이 처한 상황에서 그 본질과 진리를 발견하게 하기 때문이다. 고통당하고 위험에 처하고 구원받고 배고프고 세상의 아름다움을 기뻐하고 남들을 구하고 싶어하는 사람들의 기도가 무엇을 의미하는지 아는 데 어떤 위대한 과학이 필요한 것이 아니다. 기도의 책으로서 성서는 논쟁과 독서의 어려움을 모면케 한다.

2. 순종

기도 행위의 근거가 되는 계명은 주관적이고 인간적인 유일한 동기를 알아차릴 수 있게 한다. 그것은 순종이다. 기도하는 유일한 현실적인 이유는 계명을 순종으로 받아들이는 것이다. 그러므로 모든 것이 우리로 하여금 기도를 회피하게 할 때, 내 마음과 내 영혼이 기도할 상태가 아닐 때에, 계명은 우리 바깥에 존재하면서 나에게 전하여져서 순종의 요구를 하는 것이다. 기도가 불가능하게 보일 때, 당황하고 좌절거나, 많은 노력을 기울이거나, 요령과 기술을 사용하거나, 신비스럽고 강권적인 충동을 기다리거나 할 필요가 없다. 우리가 요청받은 대로 가장 단순하고 어린애와 같이 그냥 순종하면 그만이다. 즉, 말씀을 경청하는 것이다.[32] 그러나 영적인 일들에 있어서 언제나 사악한 우리의 지성은 순종하면 기도해야 하는 책임과 구속과 의무를 가지게 된다고 우리 자신에게 속삭인다. 여기서 우리는 율법과 계명의 혼란된 개념을 다시 살펴보아야 한다.

그리스도 안에서 순종하는 것은 의무나 책임과는 정반대이다. 강요하는 것은 아무것도 없다. 내가 말씀을 듣고 그 말씀을 받아들여서 그 말씀이 나에게 명령이 되고 나는 아무런 압박이나 제재 없이 순종하는 것일 뿐이다. 기도의 의무란 없다. 책임을 이해하고, 교제와 대화를 나누는 길이 열리는 것이다. 기도를 의무도덕적, 객관적로 생각하면 순종이 불가피하게 자발적인 대화로서의 기도를 고갈시킨다고 판단하게 한다. 기도를 의무라고 규정하면 기도의 가능성이 사라져버리는 것은 틀림없다. 그런 의무감은 익명성을 띠게 할 뿐이고 기도를 메마르게단지 이 영역에만 해당되는 것이 아니다 한다. 그

---

[32] "단순한 신자는 기도에서 중요한 것은 하나님이 사람의 간청을 듣는다는 것이라고 믿는다. 그러나 진리의 관점에서 사실은 그 정반대이다. 참된 기도에서는 하나님이 사람의 간청을 듣는 것이 아니라 기도하는 사람이 계속해서 기도하는 가운데 지기 스스로 그 기도를 듣게 되고 나아가서는 하나님이 원하시는 것을 들을 수 있게 된다. 단순한 신자는 많은 말이 필요하다. 그래서 그의 기도의 내용은 요구하는 것밖에 없다. 참된 기도는 듣는 것이다." – 쇠렌 키에르케고르(Soren Kierkegaard), 『일기 I』 Journal I, 250.

것은 하나님의 말씀과 명령을 원래의 하나님의 뜻과 달리 도덕적인 차원으로 끌어내린다. 모든 아이들이 의무적으로 참가해야 하는, 오래된 개신교 가정에서 하는 가정적 기도가 어떻게 되어버렸는지 사람들은 잘 안다. 처음부터 그런 강요는 기도에 참여하는 것을 방해했다.

기도는 자유롭고 자발적인 것이다. 그 점은 하나님의 계명에 대한 순종이 가지는 특성이다. 왜냐하면, 어떤 인간적인 명령이라도 철저하게 의무적인 것이기 때문이다. 명령을 내리는 군대 장교는 그 명령의 집행을 피할 수 있는 어떤 여지도 남겨두지 않는다. 그러나 하나님의 계명은 전혀 다른 것이다. 계명을 내리는 분은 시내산의 하나님이나 소돔의 하나님이라 할지라도 언제나 예수 그리스도의 하나님이기 때문이다. 예수 그리스도의 하나님은 인간을 사랑하여 성육신하여 자기를 비우고 죽은 하나님이다. 그 하나님은 세상을 창조할 때 처음부터 자신의 피조물에게 자신을 사랑하지 않을 자유를 부여한 분이다. 이 계명은 하나님에게서 온 것이므로 자유로운 순종과 자율적인 동의와 자발적인 응답을 불러온다.

그것은 의무도 위협도 아니다. 그것은 잔치의 비유에 나오는 친구들처럼 부름을 받고 초대 받은 것이다. 물론 그 초대(계명인 것은 명백하다!)는 언제나 거절할 수 있는 것이다. 그러나 이 계명은 우리가 불가능하다고 여겼던 문을 여는 것이기도 하다. 그것은 이전에는 정말 어렵기 한이 없고 책임이 너무도 무거워 보이던 모든 것이 이제는 내가 할 수 있는 것이고 내가 이해할 수 있는 것이고 내 삶의 영역 안에(내가 그렇게 느끼지도 않고 이성적으로도 파악할 수 없을지라도 현실로 존재하는!) 있는 것을 인정하는 것이다. 계명에 순종하는 것은 기도를 왜곡시키는 것이 아니다. 순종은 기도하기 위한, 진리 안에서 기도하기 위한 충분한 이유가 된다. 그것은 이성을 초월하는 차원의 기도를 경험하는 것을 차단하지 않는다.

기도가 시작되고 나면 이제 이유는 필요 없다. 그러나 지금 여기서의 문제는 기도를 시작하는 문제이다. 그러나 우리를 자유롭게 하고 우리 자신을 그대로 표현할 수 있게 하는 순종은 커다란 효과가 순종 그 자체가 아니라 효과가 있는 하나님의 계명에 대한 순종이기 때문이다 있다. 순종은 나의 상황을 바꾼다. 즉, 나의 삶에서 기도를 방해하던 모든 것, 불가능성, 미지근함, 모든 원인들, 이유들, 조건들, 자질들, 기도를 회피하게 하는 외적 내적 상황들과 같은 것들이 이제 재조정 된다. 계명을 듣고 순종하기로 결단하는 것은 수동적인 것이 아니라, 기도를 불가능하게 했던 모든 상황에 대해서 직접 대항하는 것이다. 순종은 결코 순응적이고 수동적이고 애매하고 유약한 태도가 아니다. 순종은 그리스도 안에서 살아가는 것을 방해하는 모든 것, 즉 여기서는 기도를 방해하는 모든 것에 대해서 적극적으로 이의를 제기하는 것이다.[33]

여기서 이의를 제기하는 것은 지적인 주장이나 이론적인 비평과 같은 것이 아니다. 순종의 실행은 그 자체로서 모든 불순종에 문제를 제기한다. 여기서 그리스도인으로서 수긍해야 할 것이 있다. 한편으로 계시의 지식에 대하여 세계와 사회와 과학과 역사와 정치와 경제에서 지적하는 모든 사항들을 수용하는 것이 타당하다고 한다면, 다른 한편으로 그리스도인들은 신앙과 삶으로서 그 모든 것들을 점검해야 하는 소명이 있다는 사실을 받아들여야 한다. 그리스도인의 행위와 선택 하나하나가 세상 사람들이 그리스도인으로 살지 않으려고 제시하는 현실 상황과 이유들에 대해서 이의를 제기하는 것이어야 한다.

---

33) 계명에 순종하는 것에 대한 이러한 논거는 나에게는 본회퍼의 비밀의 규율에 관한 주장보다 더 진리에 가깝고 성서적이고 확고하게 여겨진다. 계시를 불가사의한 비의로 보는 것은 구원의 선포나 계시의 사역에 부합되지 않는 것으로 생각된다. 기도는 비밀스러운 시식을 기반으로 삼지 않는다. 그러나 순종으로서의 기도는 숨김과 비밀의 규율, 각자가 지켜야 할 기도의 규율을 전제로 한다. 왜냐하면, 본성적인 기도나 사안별로 하는 기도조차도 단순히 즉흥적으로 폭발하듯이 나오는 것이 아니기 때문이다. 순종하는 것이기 때문에 그 기도는 자발적이고 신중하고 규율을 따른다.

심리학의사심리학?과 사회학의사사회학?은 기도가 "종교적인 구급조치"요 마술적인 행위요 심각한 것을 회피하는 것이요, "미신적인 허영"칸트이요, 인간적인 책임들을 떠넘겨버리는 수단이요 욕망의 일반적 전략프로이트 중의 하나요, 종교적인 소외포이에르바하요, 이탈하는 것로빈슨이라고 주장한다. 이런 주장과 궤를 같이하는 신학은 기도에 대한 그런 모든 비난들을 다 받아들인다. 그런 비난은 거짓된 기도를 경계하게 하지만 기도하는 사람을 내적으로 낙망하게 하기도 한다.

  기도를 비판하는 근거로서 응용되는 이러한 분석들과 다양한 신학들 대신에 깨어 기도하라는 계명 앞에서 우리는 입장을 완전히 선회해야 한다. 과학과 신학들이 기도를 비판하는 것과 달리 그 계명이 우리로 하여금 그런 신학들을 비판하게 해야 한다. 왜냐하면, 그 계명은 과학적인 분석에서 독립된 것이기 때문이다. 깨어 있는 사람은 다른 차원에 있기 때문에 과학적 관찰의 대상이 될 수 없다.

  과학적인 기준들을 따라가는 신학이론들은 그 주장하는 바가 무엇이든, 깨어있지 않은 사망의 잠과 순응과 불확실한 마음가짐에서 나온다. 외적으로는 통찰력과 정직성과 호소력을 표방한다. 그런 신학이론들은 비타협적인 태도와 과학적인 장치로 사람들을 만족시키고, 그들이 더는 신앙을 갖지 않고 기도하지 않고 깨어있지 않는 것을 합리화시켜준다. 그런 이론들이 주장하는 내용의 핵심은 세상에 적당히 순응하고자 하는 어두운 욕망에서 나온 것으로서 영적인 암흑 앞에서 홀로 책임을 지는 파수꾼과 같이 되지 않으려는 것이다. 그 영적인 암흑 앞에서 과학은 우리로 하여금 더는 신앙을 지키지 못하게 하면서 신앙 대신에 해석학의 미로에 들어가게 한다.

신앙의 전제

기도하라는 계명이 기도의 이유가 되어서 우리의 순종을 유도하려면 우리가 그 계명을 아주 심각하게 받아들여야 한다. 우리는 그 계명을 중대한 것으로 수용해야 한다. 우리가 계명을 신앙으로 받아들이지 않으면 그것은 불가능하다. 성서에서 읽은 말씀이 나에게 계명이 되는 것은 그것을 신앙으로 내가 받아들임으로 인해서이다. 그러므로 기도는 신앙을 전제로 한다. 그때 순종이 살아난다. 기도와 기도의 어려움의 문제를 제기하는 것은 사실 현대 세계에 신앙의 문제를 제기하는 것이다.

그럼에도 불구하고 기도가 자발적으로 행해지는데 "신앙만 있으면 충분하다"라고 말해서는 안 된다. 우리가 제대로 된 신앙을 가진 적이 없다는 사실을 다시 한 번 상기하도록 하자. 그러나 여기서 우리는 오늘날 기도와 신앙이 둘로 분리되고 있는 현상을 살펴보아야 한다. 진실한 그리스도인들이, 신앙대로 살려고 하면서도, 기도를 더는 하지 않는다. 바로 그 점에서 계명과 순종은 필수적이고 순종은 기도하는 이유가 되는 것이다.

그러나 성서에서 읽은 말씀이 나를 위한 개인적인 계명으로 들릴 수 있는 것은 오직 신앙 때문이다. 그 말씀이 나를 부르는 한 인격적인 존재로부터 온 것이라고 깨닫는 것은 신앙에 의한 것이다. 내가 읽은 계명이 있는 성서 텍스트를 하나님의 말씀이라고 수용하는 것은 신앙의 행위이고, 이 계명에 순종하기로 결정하는 것은 신앙의 결단이다. 신약의 서신서들이 수도 없이 신앙의 첫 번째 표지는 기도라고 지적하고 있지 않은가. 사도 바울은 "그러므로 내가 첫째로 권하노니 모든 사람을 위하여 간구와 기도와 도고와 감사를 하되"디모데전서 2:1라고 말한다. 기도는 그리스도 안에서의 신앙생활에서 제일 우선하는 것이다. 기도는 신앙의 구체적인 표현으로서 신앙의 시금석이다. 그리스도 안에서의 신앙생활의 다른 나머지 내용은 기도로부터 흘러나온다. 그리스도인의 모든 윤리와 품성은 기도의 행위에 따른 것이다. 그러나 기도의 행위는 오직 신앙에 의한 것이다.

그러므로 기도의 다른 근거를 찾으려는 시도는 실체 없는 것을 찾는 헛된 것이다. 인간 본성적인 기도, 본능적인 기도, 영적인 승화, 이방인들이나 불신자들의 기도 등을 거론하고자 하는 것이 아니다. 우리는 그 모든 다양한 형태들을 알고 있지만, 거기에다가 예수 그리스도의 하나님이 바라고, 예수 그리스도가 우리에게 명령한 기도를 접목시킬 수는 없다. 거기에는 하나의 현상에서 다른 현상으로 연결되는 연속성이 없다. 한편에는 기도하지 말아야 하는 모든 이유들이 나온다면 다른 한편에서는 거기에 이의를 제기하는 주장들이 나온다. 우리가 그것들 때문에 예수 그리스도와 하나님 아버지를 향한 기도에 방해를 받는다면, 그것은 우리가 기도에 대해서 혼란을 겪고 있다는 걸 의미한다.

사람들은 자문한다. "우리 사회에서, 세속적이고 무종교적인 이곳에서 기도가 어떤 의미를 가질 수 있을까? 이런 현대 사회에서 살아가는 사람들에게 기도란 무엇일까?" 그러나 이는 잘못된 질문이다. 어쨌든 어떤 시대에서나 기도는 신앙의 표현일 수밖에 없고, 기도의 계명이란 신앙으로 그 말씀을 듣는 사람들에게만 그렇게 받아들여지는 것이고, 신앙 안에서만 경험되는 것이기 때문이다. 그러므로 여기서는 기도에 무관심한 이 사회의 사람들을 위해서 기도의 문제를 논의하는 것이 아니다. 기도의 문제는 그들의 문제가 아니다. 그들은 그 문제의 바깥에 있다. 그들이 예수를 그리스도로 인정할 때에 비로소 그들에게 기도의 문제가 시작된다. 그것이 한물간 용어인 "회심"이다. 그럼에도 불구하고 어떤 의미에서는 기도가 그들의 문제이기도 하다는 점을 인정해야만 한다. 이는 세속적이고 평범한 성인에 해당하는 그들이 우리 시대에 만연한 모든 종류의 잘못된 기도를 하기 때문이다. 그러나 거기에 내포된 믿음에서 그들을 떼어놓을 수 있는 것은 아무것도 없다. 정말 중요한 것은 기도가 어떤 믿음을 내포하고 있고 기도의 대상이 누구냐는 것이다.

　기도의 내용은 성서에서 많은 예들이 보여주는 것처럼 신앙의 표현일 수밖에 없다. 기도는 그 자체가 신앙으로 내린 선택이다. 신앙은 하나님 앞에서 내가 책임을 맡는 행위이고, 기도는 책임 있는 신앙으로 내린 결정이다. "인간의 소망 가운데 하나님의 뜻이 역사한다."오트, 34) 그러나 신앙과 기도의 빈틈없는 관계는 우리에게 그 반대의 경우도 알게 한다. 그리스도인에게 기도하는 것이 곤란하고 재미없고 지루하고 불확실한 것이 된다면, 이는 위에서 열거한 이유들에 기인하는 것이 아니다. 유일한 문제의 핵심은 계명을 심각하게 받아들이지 않아서 순종하기로 결단하지 않는다는 것이다. 그렇다면, 우리에게는 예수 그리스도를 향한 신앙이 없는 것이다.

　바로 그 신앙의 부재가 문제이다. 기도의 부재와 어려움은 신앙의 부재를 시험하는 것이다. 그러나 신앙은 결코 순전히 개인적인 행위만은 아니며, 언제나 하나님의 백성으로 구성된 공동체의 신앙에 기초하고 있다. 개인적으로 느끼는 기도의 어려움은 전례적으로 규정된 공동 기도의 의미가 상실된 것에 상응한다. 이는 마치 개인적인 신앙의 부재가 교회의 신앙의 위기에 상응하는 것과 같은 것이다. 예배 중의 기도를 개인적인 기도로 대체해서 예배 중의 기도를 개인적인 열정으로 생생하게 할 수 있다는 기대를 하지 말아야 한다. 두 가지 기도는 함께 가는 것이다.

　예수는 기도하려고 군중과 제자들을 떠나 고독을 찾았는데 어떻게 기도가 공동체적인 특성을 가지고 있다고 말할 수 있겠는가. 예수는 기도를 위해 언제나 거리를 두고 물러났다. 그래서 복음서에는 "예수의 기도하는 장면들"이 거의 없다. 복음서 기자들은 예수가 자신들과 함께 기도하는 모습을 보여줄 수 없었다. 그러나 이 은밀한 고독 속의 개인적인 기도는 닫혀있는 것이 아니

---

34) [역주] 루드비히 오트(Ludwig Ott, 1906-1985), 가톨릭 교의신학자.

었다. 하나님과 대면한 모세는 모든 백성을 대변하는 것이다.

예수 그리스도의 하나님을 향한 신앙은 계명을 심각하게 받아들이게 해서 나에게 기도하라고 명령한다. 사실이 그렇다면, 더 나아가서 기도가 없는 신앙은 성립될 수 없다고 말할 수 있다. 신앙은 복음의 증거나 봉사나 참여나 자신의 비움이나 전도를 통해서 표현된다는 말은 사실이다. 그러나 기도를 소홀히 한다면 그 모든 것들이 거짓이 되고 만다. 기도는 신앙의 사역이 아니다. 기도는 신앙의 사역을 가능하게 하는 것이다. 그래서 쉬지 말고 기도하라는 명령이 주어진 것이다. 신앙은 기도의 호흡이 없으면 하나도 결실을 맺지 못하게 되기 때문이다.

"신신학"의 문제 중의 하나가 거기에 있다. 복음의 메시지케리그마가 만민에게 유효하고 하나님 앞에 모든 사람들을 서게 하고 예수 그리스도의 주권의 보편성을 주장하고 세상교회를 희생시켜서과 모든 인간그리스도인을 희생하고의 가치를 인정하고자 하는 마음이 있기에, 사람들은 그리스도인에게만 해당할 수 있는 부분을 부정한다. 그런 식의 사고방식의 첫째 희생물이 기도이다. 그러나 기도의 쇠퇴가 파장을 불러오지 않을 것으로 생각해서는 안 된다. 그것은 신앙에도 영향을 미친다. 신앙은 그런 상황에서 지속할 수도 표현될 수도 없게 된다.

기도의 위기는 우리로 하여금 신앙의 어려움을 대면하게 한다. "신신학" 사신 신학, 혁명 신학, 해석 신학, 비신화화 신학이 그 어려움을 보여준다. 우리가 기도할 수 없다는 것은 궁극적으로 하나님이 역사하고 창조주이고 현실에우리는 이제 하나님이 현실 속에 포함되어서 우리와 같은 삶의 부침에 매여 있는 것을 선호한다 개입하는 것을 믿지 않는 것이다. 또 다른 관점에서 보면 우리는 하나님이 우리의 기도에 따라서 뜻을 바꾸어서 당신의 뜻과 우리의 뜻이 일치하도록 우리를 인도한다는 사실을 믿지 않는다.

기도는 우리 자신을 돌아볼 수 있도록 우리의 영적인 실상을 비추는 거울이다. 기도는 하나님과의 실제적인 만남이기 때문에 우리는 기도 속에서 하나님이 우리를 바라보는 것처럼 우리 자신을 보게 된다. 기도는 하나님의 계명을 실제로 만나는 것이기 때문에 기도의 부재는 우리로 하여금 우리 안의 진실한 신앙의 부재를 돌아보게 한다. 그것은 우리로 하여금 부정적인 상태에 빠지고 신앙의 부재라는 쓰라린 자각에 갇혀서 기도의 가능성을 부인하게 하는 것이 아니다. 그것은 우리로 하여금 모든 기도에 마음을 열고 실제적인 기도의 서막을 열게 한다. "주여 내가 믿사오니 나의 믿음 없음을 도와주소서."

3. 자유로운 선택

순종하여 행하는 기도는 자유로운 행위이다. 하나님의 계명을 대면하는 것이 아닌 다른 모든 상황 속에서, 기도는 앞에서 언급했던 그 모든 원인들과 조건들에 예속되고 매이게 된다. 즉, 이제 기도는 문화적인 요인과 교육과 인간의 감각 등에 따른 표현방식이 되고 만다. 우리는 기도가 인간 자신이 내린 결정과 뒤이은 선택에 기반을 두게 될 때, 서구 사회에서 기도의 모든 인간적인 동기들은 다 사라져버렸다는 사실을 보았다. 계명에 순종하는 것은 내 주변의 모든 상황과 조건들로부터 벗어난 자유로운 행위이다. 왜냐하면, 나 자신이 기존의 결정적인 요인들을 거슬러서 나아가기 때문이다. 그리고 앞에서 묘사한 바와 같은 상황이 벌어져 나는 자유롭게 결정을 내리게 된다. 그러므로 기도의 모든 인간적인 동기들이 사라져버린 것을 슬퍼할 필요가 없다.[35]

---

[35] 이 말 때문에 신앙에 관해서 내가 위에서 비판한 것과 같은 태도를 나 자신이 취하고 있다고 판단하는 사람들이 있을 수 있다. 거기에 따르면 모든 인간적인 기층 의식과, 예수 그리스도의 하나님을 믿는 모든 이유를 상실하는 것은 좋은 일이다. 왜냐하면, 그렇게 되면 신앙이 정화되고 인간이 온전히 독립적으로 결정을 내리게 되기 때문이다. 사실

그러나 내가 기도하기로 결정을 내리는 것이 자유로울 때, 그 자유는 사회의 변화에 따라 자동적으로 얻은 것이 아니다. 그것은 언제나 자유를 주는 하나님의 말씀이 개입하여 나온 것이다. 계명이 나를 찾아올 때 그 계명은 자유롭게 응답할 수 있도록 나에게 자유를 준다. 나의 기도는 자유로운 것으로서 자유가 없다면 아무 의미도 없다. 그러나 그 자유는 내 존재에 속하는 성품이나 특성이 아니다. 나는 기도에 의해서 자유롭게 된 것이며, 기도 속에서 온전한 자유를 누린다. 모세가 시내산으로 올라오라는 계명에 순종할 때 그는 인간으로서 누릴 수 있는 가장 커다란 자유를 누렸다. 그는 친구가 친구에게 하듯이 하나님과 대화를 나눈 것이다. 예수의 계명에 우리가 순종할 때 우리는 하나님의 실상이 아버지임을 발견한다. 그리고 우리는 하나님을 "우리 아버지"라고 부르는, 인간으로서는 결코 얻을 수 없었던 자유를 누리게 된다.

아버지라고 부르는 것은 자유의 두 가지 길을 여는 것이다. 그 자유를 통해서 하나님은 나로 하여금 당신을 아버지로 부르게 한다. 그것은 무엇보다 먼저 자유의 선물을 통해서만 내가 자유롭게 된다는 점을 입증한다. 즉, 나의 자유는 내 기도의 대상인 하나님이 개입하여 나를 다스림으로 인해서만 성립된다. 달리 말하자면, 하나님 아버지를 향한 기도는 나의 자유와 인간으로서의 성숙이 하나님에 대한 나의 자녀로서의 올바른 관계와 부합하는 걸 보여준다. 로빈슨J.A.T. Robinson은 그것을 아주 훌륭하게이점은 내가 그와 의견이 일치된 유일한 것이다! 표현했다. "성숙하게 된 인간은 여전히 아들이라 불린다. 신약에서 하나님 아버지와의 자녀 관계는 자유의 이미지이

기도에 관해서 내가 여기서 말하려는 것은 전혀 다른 것이다. 나는 하나님과 인간을 향해 각기 다른 태도를 상정한다. 하나님을 향해서는 모든 것이 순종(하나님의 말씀에 관한 비판이 아니라)에 달려있다는 점에서, 인간을 향해서는 기도가 결정적인 요인이라는 점에 있어서, 나는 어디서도 현재의 사회 상황과 그 상황이 만든 인간을 정당화하지 않는다.

고 정확히는 미성년에서 성년이 된 인간에게 적용되는 것이다. 그리스도인의 신앙은 인간을 의존 상태로 계속 구속하는 것이 아니라 성숙한 어른으로 성장하게 한다. 그 성숙은 아버지에게 반항하는 사춘기 자녀의 것이 아니라 아들로서 상속자로서의 책임을 맡는 자유를 얻은 성년의 자녀가 이룬 것이다."

이제 자유의 또 다른 면을 보도록 하자. 나는 하나님 아버지에게 기도함으로 인해서, 참된 아버지와 내 욕망이 추종하는 거짓 아버지를 나 자신이 이성적으로 분별하려고 할 때 내가 빠지는 혼란과 혼돈과 모순에서 벗어나게 된다. 기도는 나 스스로는 결코 나의 신앙을 정화하고 순수하게 할 수 없으며 하나님이 어떤 존재인지 신학적으로 분별할 수 없음을 인정하는 고백이다. 그것은 몽환적인 프로이트 식 부성 이미지로부터 나를 구하기 위해 나 스스로를 더는 고문하지 않아도 되는 자유를 누리게 한다. 그것은 나의 우상들이 아니라 하나님에게 기도하는 것이고, 나의 욕망이 추종하는 은밀한 부성의 이미지들이 아니라 참된 아버지를 향하는 것이다. 그것으로 충분하다. 그 기도 속에서, 그 기도를 통하여 나는 진정으로 자유롭다.

하나님을 아버지로 부르게 한 예수의 선물을 이미 한물간 가부장제나 인간중심주의로 해석하는 것은 정말 어리석고 오만한 짓이다. 하나님이 우리에게 아버지로 부르게 하고 그런 자유를 누리게 하였는데, 어떻게 그런 하나님을 비신화화 한다는 명분으로 변질시켜서, 하나님이 말한 것을 반대로 말하게 할 수 있는가. 그런 자유 앞에서 우리가 주장하는 자율은 무엇이고 성숙은 무엇이란 말인가? 하나님에게서 독립하는 것은 무엇을 의미하는가. 하나님이 없다면 인간은 인간의 사회 환경과 인간의 정치와 인간의 합리성과 인간의 정열과 인간의 의도에 의해 조정되고 구속되고 강요되고 제재당할 뿐이다. 그러나 우리는 그 자유에 대해서 무얼 알고 있는가?

소위 과학적 비판적 정신에 의해 우리의 문화에 예속된 채로, 우리는 하나님의 말씀을 상대화시키고 그 의미를 계속 축소시켜 갈 수 있다. 그렇게 하기 때문에 하나님의 말씀은 이제 우리를 자유롭게 하지 않게 되고 우리는 기도할 수 없게 된다. 그러므로 우리는 선택해야만 한다. 인간이 스스로 개척한 화려한 길해석학을 예로 들 수 있다은 우리에게서 기도와 자유를 박탈할 것이라는 사실을 깨닫고, 우리는 결단을 내려야 한다. 그 길은 이성적으로는 좁은 문이지만, 영적으로는 노예상태와 사망으로 향하는 넓은 길이다.

하나님과의 대화

문제를 알고 나서 내가 내려야 할 결정은 아버지인 주님에게 기도하는 것이다. 그러나 나의 책임 하에 내린 그 결정은 실제로는 이미 주어진 말씀에 대한 응답이다. 먼저 주어진 그 말씀 때문에 기도는 하나님과의 대화가 된다. 이는 계명의 말씀을 말하는 것이 아니라 태초 이래로 예수 그리스도 안에서 우리 각자를 향해 주어진 말씀이다. 그 말씀은 우리에게 주어진 것인 동시에 우리가 기다리던 것으로서 우리 안에서 우리를 창조하고, 하나님의 존재와 섭리를 동시에 드러낸다.

기도는 아무리 강력하고 자발적이고 새롭다 할지라도 먼저 주어진 하나님의 말씀에 대한 반응이자 결과이자 응답일 뿐이다. 그 말씀은 성서에서 나온 것이고, 신앙을 통해서 말씀으로 인지하여, 하나님의 주권적인 행위에 의해서 하나님의 말씀으로 받아들여진 것이다. 우리 스스로 말씀을 입증할 수 있는 것으로 믿거나 어떤 방법으로 성서를 말씀으로 변환한 것으로 믿는 것은 헛된 것이다. 하나님이 말씀하지 않는다면 아무 일도 일어나지 않는다.

그것은 기도하는 사람이 겪는 경험에 상응한다. 공허하거나 버림받은 것 같이 느껴지는 기도도 대화이며 기도하는 사람도 그 사실을 안다. 하나님이 "벙어리요, 장님이요 피조물의 절규에 귀먹은 존재"처럼 느껴져도 기도하는 사람은 결코 독백하는 것이 아니다. 그 기도는 언제나 광야에서의 엘리야의 기도에 귀결된다. "여호와여 넉넉하오니 지금 내 생명을 거두시옵소서."열왕기상 19:4 내가 믿은 바대로 행했는데 결말은 나의 패배였다. 어둠 속의 그 기도는 "나의 하나님이여 왜 나를 버리시나이까?"라는 예수의 기도에 다 담겨져 있다. 예수는 텅 빈 하늘을 바라보며, 완전히 버림받은 마음이지만 그래도 기도한다. "나의 하나님이여"라는 기도 속의 하나님은 분명히 존재한다. 그는 나의 하나님이다. 이 기도대로 모든 것을 실제로 다 잃은 것일 수 있다. 그러나 하나님의 부재 가운데서도 하나님과의 관계는 엄존한다.

우리는 기도 가운데 독백하는 느낌을 받는 때가 있다. 그때 우리는 하나님을 부르는 것은 우리 자신일 뿐이라고 생각한다. 그러나 우리 내면의 가장 깊숙한 곳에서 우리는 그것이 대화인 것을 안다. 우리가 만약 그걸 모르고 있다면 우리 입술을 열지 않았을 것이다. 그 관계는 우리가 기도하려는 마음을 먹기 이전에 이미 시작된 것이다. 우리를 부르고 우리에게 계명을 전하는 것은 이미 시작된 그 대화의 순서가 계속되는 것에 지나지 않는다. 슬픔이나 기쁨과 같은 내 감정이 나를 하나님에게 말을 건네게 하고 하나님을 향한 열망이 솟구칠 때, 하나님이 함께하지 않거나 침묵하고 있다 할지라도, 하나님에 관한 지식이 있거나성서를 읽었다면, 하나님에 관한 지식이 없거나성서 지식이 없다면 간에, 나는 태초부터 시작된 대화를 하고 있는 것이다.

하나님은 기도로 그런 관계를 맺는 것을 원한다. 하나님이 "아담아 어디 있느냐?", "가인아 네 아우에게 무엇을 했느냐?"라고 물을 때나, "내가…"라고 선포할 때나, 욥기에서처럼 주거나 취하거나 할 때나, 명령을 내리거나, 요나서에서처럼 긍휼함으로 명을 내리거나 수용할 때나, 언제나 하나님은 기도로 응답하는 인간을 기다리며 그 기도를 통해 인간과 대화한다. 그 대화는 임마누엘의 하나님이 사람들과 함께 이루기 원하는 "함께 동역하는 역사"를 보여준다. 하나님은 어느 쪽이든 일방적으로 하는 고독한 독백을 용인할 수 없다. 하나님은 아담 안에서 벌어진 관계의 단절을 결코 받아들이지 않았다.

이 관계는 문화적 사회적 사역이나 도덕성이나 논리성이나 공동체적인 삶으로 성립된 것이 아니라는 점을 명심해야 한다. 모든 것의 뿌리는 이 특별하고 예외적이고 본질적인 대화로서의 기도이다. 기도의 주도권은 나에게 있지 않다. 만약 기도의 주도권이 나에게 있다면, 기도는 하나의 담화나 독백이 되고 말 것이다. 우리는 사실이 그렇지 않다는 것을 경험했고 확인했다.

하나님의 약속

그런 대화를 하는 것이 가능하고, 계명을 이행하는 것이 율법을 지키는 것과는 다른 의미이고, 순종이 자유에서 비롯된 것이라면, 계명은 하나의 명령과는 다른 것이 된다.

성서 텍스트들 중에는 "깨어 기도하라"라는 말씀에 "…을 하기 위해서"라는 말을 첨가한 것들이 있다. 그것을 달성해야할 목표를 가리킨다거나 우리가 받을 수 있는 보상을 뜻한다고 이해해서는 안 된다. "…을 하기 위해서"라는 말은 기도에 동기를 부여하는 것이거나 기도를 인간적인 인과관계의 틀에 들어가게 하려는 것이 아니다.

계명에는 하나의 약속이 포함되어 있다. 이 약속에는 여러 가지 측면들이 있다. 먼저 기도를 실제로 할 수 있다는 약속이 있다. 하나님이 "나에게 구하라"라고 말씀한 것은 인간이 말하는 것은 실제로 하나님에게 전달되는 참된 기도라는 걸 뜻한다. 그것은 정말 하나님과 대화하는 것이다. 감히 생각할 수도 없고, 이해할 수도 없고, 측량할 수도 없고, 인간적인 판단으로도 무익하기 짝이 없고, 실현할 수도 없는 일이지만, 그것은 사실이다. 하나님이 대화가 성립된다고 보장하기 때문에 그것은 사실이다.

우리는 그 명령을 들음으로서만 그것을 확신할 수 있다. 그 명령은 하나님이 명령광적인 전제군주가 자기 맘대로 내리는 칙령이 아니라을 내림과 동시에 그 명령에 따라 순종하는 기도에 중요성과 무게와 실체와 명확성을 실어 주어서 그 기도가 공허함이나 무반응이나 허무함에 빠질 수 없게 하리라는 약속을 담고 있다. 그것은 하나의 관계를 전제로 하고 있다. 그 관계는 예수 안에서 하나님이 성육신한 데 기인한다.

약속은 또한 기도를 들어준다는 응답이다. 그것은 그냥 자동으로 이루어지는 것이 아니다. 우리는 그걸 나중에 다시 살펴볼 것이다. 그러나 기도에 대한 우리의 확신은 하나님이 기도를 듣고 받아들이고 응답한다는 사실에 기인한다. 구하라 그러면 너희에게 줄 것이다. 거기엔 의심이 없다. 이는 이 말씀으로 선포되는 예수 그리스도의 하나님의 마음이다. 하나님은 구하는 자에게 주지 않을 수 없다. 이 약속은 계명 자체에 포함되고 결속된 것이다. 우리가 그중 하나를 받으면 우리는 다른 하나도 동시에 받게 된다. 우리가 하나를 믿으면때로는 모든 명백한 증거를 물리치고라도 다른 하나를 믿어야 한다. 우리의 신앙이 우리로 하여금 계명에 순종하게 하면, 우리는 믿음의 순종이 하나님의 응답을 초래하는 것을 인정해야 한다.

그러나 몇 번이나 언급된 바와 같이 이 응답은 반드시 우리가 구한 것과 정확히 일치하지 않을 경우도 있고 우리가 예감했던 해결책이 아닐 수도 있다. 거기에 다른 출구가 마련된 것이다. 하나님이 선택한 것은 우리 뜻에 맞지 않는다 할지라도 가장 좋은 것이다. 응답의 시간은 우리로서는 기도와 응답 사이에 끝없는 기다림의 시간이 있었다 할지라도 가장 알맞은 최선의 시간이다.

하나님이 당신의 침묵으로 나 자신이 스스로 그 문제를, 그 장애물을 과감하게 직면할 수밖에 없게 할 때에, 어쩌면 응답이 없는 것이 궁극적인 해답일 수가 있다. 응답이 없는 것은 내가 하나님에게 가져갔던 문제를 나 스스로 해결하라고 하나님이 나에게 책임을 맡긴 것이다. 그러나 나 혼자서 내 힘으로 헤쳐 나아가야 한다면, 기적은 일어나지 않는다면, 기도의 가치는 무엇이라는 말인가? 이는 우리의 자기중심적인 짧은 이해에 불과하고, 제대로 알아보지도 않고 놀라기만 하는 것에 지나지 않는다.

"바다 깊은 곳으로 나아가라, 그러면 너 스스로 알게 될 것이다." 이 말은 힘이 더는 나에게서 나오는 나의 힘이 아니라, 나에게 주어진 내가 언제나 기다리던 말씀의 힘이라는 것이다. "네가 가진 힘으로 나아가라." 이제 나는 더는 나 자신의 능력에만 매여 있지 않는다. 나의 기도가 응답된 것은 상황이 기적적으로 해결되었기 때문이 아니라, 내가 어려움을 극복하고 문제를 해결하기에 필요한 힘과 능력 그 이전에는 나에게 없었던을 받았기 때문이다. 더 나아가서 나는 그 사실을 모르고 보지 못한다. 우리는 기도하면서도 볼 걸 보지 못하는 눈을 가졌기 때문이다 그러나 내가 읽어야 하는 성서 텍스트가 읽히게 되고, 상황은 내적으로 은밀하게 변화되어 간다. 나는 그걸 알아볼 수 없거나 그 어려움을 헤쳐 나갈 태도를 갖추지 않은 상태이다.

"깊은 곳으로 나아가서 네 그물을 쳐라." 나는 그 사실을 모르지만, 물고기들은 거기 있으면서 나를 기다리고 있다. 온밤을 지새우는 동안 그 물고기들은 거기 없었다. "나아가라." 어깨에 언약궤를 맨 레위인들은 요단강 속으로 나아가야만 한다. 그들은 처음에 요단강물이 뒤로 물러날 줄을 몰랐다. 하나님의 역사가 일어나기까지 그들은 물이 어깨에 차오르도록 나아가야 했다.

기도에 관한 믿음이 없는 우리는 물고기들이 자기네들끼리 배로 뛰어오르는 걸 기다린다. 기적이 일어난 후에 우리는 단지 배를 저어 물가에 대기만 하려고 한다. 우리는 분명하고 깨끗한 길이 아스팔트 포장이 되었다면 더 좋고, 지도가 있다면 훨씬 더 좋으리라 눈앞으로 한없이 뻗어 있고 요단강이 하나님에게 복종한다는 확증을 얻게 되기를 기다린다. 나는 기적이 일어난 후에 걸어가고자 한다. 나는 이것을 믿음이 없는 기도라고 부른다. 그것은 기도가 아니다. 내가 그런 수준의 응답을 바라고 있다면, 내가 하는 것은 기도가 아니다. 그래서 어떤 응답도 받을 수 없다. 내 힘은 그대로일 것이고 상황은 신비스럽게 변화되지 않을 것이다.

응답의 약속은 내가 기도를 진실하게 했다면 어떻게 그 약속을 확실하게 받지 않을 수 있겠는가? 내 편에서 그 기도에 나를 투신하는 모험을 감수하는 걸 말한다. 모험이 없는 기도는 없다. 신앙의 모험을 회피하게 하는 기도는 없다. 하나님이 하라고 한 일을 하지 않고 넘어가게 하는 기도는 없다. 하나님이 기도를 받아들이는 순간부터 하나님의 응답은 우리로 하여금 모든 방법을 동원하여 하나님이 좋다고 판단한 일을 하게 하는 것이다. 기도는 대화이지만, 그 대화에서 하나님은 먼저 행동하고 나서 나에게 행동하도록 요구한다. 기도와 그 기도에 따른 약속에 따라서 나는 하나님과 함께 동역해야 한다. 그때 기도는 완전하게 응답이 된다.

마지막으로 계명은 하나님이 수많은 사람들의 기도를 모아서 하나의 기도가 되게 하여 모든 성도들의 기도로 삼는다는 약속이다. 이 약속이 있기 때문에 나는 기도 속에서 경험한 만남이 참된 만남이라는 걸 알 수 있다. 기도가 타자와의 만남 안에 있다는 생각은 버려야 한다. 나는 수많은 만남이 실패했기 때문에 대화가 불가능하다는 절망감에 빠지게 된다. 반대로 기도 안에서 만남이 이루어진다. 그것은 나로 하여금 진정으로 타자에게 다가가게 한다. 왜냐하면, 하나님이 모은다는 이 약속이 있기 때문이다. 나는 하나님 아버지에게 만남의 실패와 서로 이해 불가능한 대화를 맡겨서 하나님이 거기에 새로운 가능성을 불어넣게 한다. 나는 이 약속에 의지하여서 나의 기도가 우리를 서로서로 갈라놓는 죄악을 극복하기를 간구한다.

계명은 아주 고독하고 은밀하고 개인적인 우리의 기도를 모든 교회와 모든 세대들과 모든 개인들과 모든 공동체의 기도들과 함께 모아서 살펴본다는 하나님의 약속이다. 성도들의 교제는 구체적이고 눈에 보이는 현실로 드러내 보일 필요가 없다. 그것은 모든 성도들에게 기도하라고 한 평범한 계명에 다 포함되어 있다. 그것은 우리 각자의 기도 가운데서 구현되고 있다. 물론 예수가 우리에게 가르쳐준 기도는 우리 각자의 말은 좀 다를지라도 "우리 아버지, 우리의 일용할 양식"이라고 하는 모두의 기도를 뜻한다. 내가 "우리"라고 기도하는 순간 이루어지는 약속은 나로 하여금 그렇게 기도하는 모든 사람들과, 그리고 누구보다 먼저 예수와 연합하게 하는 것이다. 그렇게 우리는 연합되고 결속되고 일치되고 통합된다. 그 명령은 바로 진정한 교회와 사랑의 질서를 수립하라는 명령이다.

미래의 소망

사정이 이런데 기도가 어떻게 강요에 의해서 수동적으로 음울하게 하는 것이 되겠는가? 나에게 기도할 충분한 동기를 부여하는 그 계명은, 내가 그 풍성한 약속과 함께 받아들이면, 나의 영적인 삶에 충분한 만족을 가져다 줄 것이다. 이제 기도는 더는 나를 제한하고 규제하는 과거를 향하지 않는다. 나는 그 과거의 끔찍한 사회적 무게와 끊을 수 없는 사슬을 너무나 잘 안다.

과거의 무게를 지고 기도하는 것은 시작부터 이렇게 말하는 기도이다. "그건 불가능하다. 그건 결코 변하지 않았다. 왜 내일 그걸 변하게 하겠는가? 그렇게 많이 기도했음에도 불구하고 나는 아직도 계속 죄를 범하고 있다. 사정이 이렇고 내가 결코 변하지 않으리라는 걸 미리 알고 있음에도 내가 계속 기도한다면 위선자가 되는 게 아닌가? 내 기도에도 불구하고 전쟁은 계속 되었다. 어떻게 내일 전쟁이 멈출 것이란 말인가?"

이런 생각들을 마음에 품고 진지한 독자 여러분에게도 나처럼 마음속에 이런 생각들이 많으리라는 걸 나는 잘 알고 있다 기도하는 것은, 아직도 왔다가 사라지고 마는 모든 허망한 동기들을 가지고 기도하는 것이고, 어떤 감상이나 걱정거리나 영적인 느낌 때문에 기도하는 것이다. 그것은 유일한 단 하나의 필요한 이유, 계명에 순종하려고 기도하는 것이 아니다. 단순히 이 계명을 받아들여 직면하면, 기도의 다른 동기들이나 양심의 가책들이 다 사라져 버린다.

나를 괴롭히던 과거의 악령은 기도를 무력화시키곤 했다. 그 가차 없는 과거는 현재 내가 처한 상황의 원인 기도의 원인이면서 또한 기도를 방해하는 으로 작용한 것으로 보인다. 그런데 이제 그 과거가 더는 나에게 남아있지 않게 된다. 내가 기도하라는 계명을, 아니 그 계명을 내린 하나님을 진정으로 받아들이면, 하나님이 나의 과거를 맡아준다. 그때부터는 나의 과거는 더는 나에게 속한 것이 아니다. 나 또한 나의 과거에 속하지 않는다. 처음 나에게 말을 걸었고 지금 나의 말을 듣는 하나님이 그 과거를 대신 맡은 것이다.

하나님과 대면하여 기도할 때 이제 하나님이 내 과거를 책임지기에, 나에게서 과거도 예속도 유대도 구속도 사라진다. 나는 순식간에 새로운 사람이 되었다. 이제 내 삶은 다른 차원에서, 다른 수준에서 계속된다. 그러나 그렇게 되는 것은 계명에 진정으로 순종하여 기도할 때이다.

새로운 사람은 하나님을 대면하고 있는 상태에 계속 머무르는 것이 아니다. 변화산에서 제자들은 거기 계속 머물러서 승리의 비전과 옛 예언자들과의 회합을 한없이 바라보고 싶어 했다. 그러나 그들은 산에서 내려가서 변형의 순간보다 훨씬 더 중대한 미래를 향하여 나아가야 했다. 그 미래가 없다면 변화산의 변형은 아무런 의미가 없다. 그것은 계명에 포함된 약속 때문에 미래로 나아가는 것이다. 기도는 미래를 낳는 것이다. 미래가 없다면 기도가 무슨 의미가 있을까?

기도는 과거를 보완하거나 현재를 보장하는 것이 아니다. 기도는 미래를 구현하고 새 역사의 가능성을 확실하게 하는 것이다. 내 삶의 역사는 이제 더는 의미 없는 시간들이 끝없이 반복되는 우울한 것이 아니다. 우리 교회의 역사는 이제 더는 선한 의도들과 동정심들이 정리되지 않은 채로 서로 모순되고 대립하는 역사가 아니다. 우리 민족의 역사는 이제 더는 억압과 증오와 불의가 축적된 역사가 아니다. 즉, 이제 전반적으로 모든 영역에서 참된 역사가 일어나서 아무런 의미 없는 행위들이 덧없이 지속되는 일이 없다.

그 역사를 이루게 하는 것은 오직 기도뿐이라는 사실을 잊지 말아야 한다. 이 문제는 뒤에 가서 다시 살펴볼 것이다. 기도는 미래를 지향하는 것으로서 미래의 실현 가능성을 기다리면서 그것이 역사로서 실현되기를 소망하는 것이다. 그러나 그것은 하나님만이 실현 가능케 하는 것이고 인간과 함께 동역하는 하나님의 역사이다. 예수 그리스도 안에서 이루어진 인간과 하나님의 만남이 기도를 통해서 지금 나에게 실현되지 않는다면 그런 기도가 무슨 의미가 있겠는가? 그래서 이제부터 우리가 살아서 이루어야 할 역사는 경제적, 정치적, 미학적, 사회적인 것이 아니라 그 모든 영역에서 하나님이 인간과 함께 동역하는 역사라는 사실을 기도를 통해서 분명하게 보여주지 않는다면 그런 기도가 무슨 의미가 있겠는가? 그런 역사를 이루려는 하나님의 결정은 예수 그리스도 안에서 내려졌다. 그런 역사를 이루겠다는 인간의 결정은 기도로서, 지금 내가 하는 기도이다. 그것이 바로 기도이다.

기도는 계명이 내포한 약속에 근거한 것이기에 소망을 부른다. 기도는 소망의 행위요 표현이다. 그것이 인간적인 차원에서는 절망적인 부르짖음이 되는 경우가 있다고 할지라도 말이다. 그 점에서 우리는 기도의 경험적인 측면을 만난다. 참된 기도는 참된 경험이 된다.

그러나 그것은 과거의 성공 경험이나 행복한 마음 상태를 뜻하는 것이 아니다. 우리는 어떻게 감각의 변화와 주관주의적 경향을 피할 수 있을까? 경험으로서의 나의 기도는 어쩌면 그 경험을 어떻게 소화하느냐에 따라 좌우되는 것인지도 모른다. 큰 바다의 광대한 광경은 하나님을 찬양하도록 내 영혼을 고양할 것이다. 이는 마치 사고를 당한 뒤에 공포심 때문에 하나님에게 도움을 간구하게 되는 것과 같다. 그러나 그런 상황들 이외는 어떤가? 우리는 어떻게 과거와의 관계를 피할 수 있을까? 내가 기도의 가치를 아는 것은 과거의 기도 경험에 기인한다. 내가 기도하면서 대화를 하는 것은 과거의 수많은 대화의 경험들을 해석한 데 기인한다.

그러나 기도는 자기만족도 자기중심적 몰입도 아니고, 과거에 대한 집착도 아니다. 다시 한 번 말하자면, 기도는 내가 절망한 가운데 하는 소망의 표현이요, 내가 의심하는 가운데 하는 믿음의 대화이다. 기도는 내가 처한 현실의 구체적 상황에 대해 이의를 제기하는 것이다. 기도는 바로 이의를 제기하는 경험이다. 하나님과의 대화는 나 자신과 나의 환경과 나의 과거에 대해서 이의를 제기하게 한다. 기도는 대화이므로 그렇게 될 수밖에 없다.

대화의 당사자들이 뜻을 완전히 같이 한다면 말할 것이 아무것도 없으므로 대화가 필요 없다. 대화에는 거리감과 긴장관계와 모순과 이의 제기가 있다. "나는 훌륭한 사람입니다. 왜냐하면, 당신이 나를 훌륭하게 빚었기 때문입니다"라고 하나님에게 말하려고 기도한다면 그런 기도가 무슨 의미가 있겠는가. 하나님이 거기에 대해 따로 할 말이 있겠는가? 완전한 합의는 침묵을 의미한다. 우리는 그런 기도를 잘 알고 있다. 그것은 성전에서

한 바리새인의 기도이다. 예수는 그 바리새인이 죄의 용서를 받지 못한 채로 돌아갈 것이라고 말한다. 그 말은 바리새인의 기도가 하나님과의 대화에 들어가지 않고 하나님의 침묵을 초래했다는 걸 뜻한다.

기도 가운데 자기 자신을 스스로 비판하는 듯한 느낌을 받을 수도 있다. 그런 기도가 내 마음의 중심에서 올라온 것이 아니라는 점은 확실하다. 어떻게 그 사실을 알 수 있을까? 수많은 사람들이 스스로를 비판하게 되지 않는가? 그것은 단순 명료하여 하나님도 덧붙일 게 없는 것이 아닌가? 계속 그렇게 기도한다면, 그것은 우리가 기도에 관해서 아무것도 이해하지 못했다는 사실을 말해주는 것에 지나지 않는다. 왜냐하면, 인간이 자기 자신에 대해서 자아비판을 하는 것은 언제나 부정적인 것이기 때문이다. 그것은 타고난 본성적인 양심에 대한 명료한 이성의 대립이다. 그런데 기도의 모순은 그 반대가 된다. 그것은 나의 절망에 대해 소망이 반박하는 것이다. 그것은 기쁨이 나의 고민과 나의 비관주의를 받아들이지 않는 것이다. 그것은 자유가 나의 노예상태를 해방하는 것이다. 그 모든 것이 나에게 양심의 가책을 주지 않는다. 왜냐하면, 기도 속에서 그 기쁨과 자유와 소망이 나에게서 나온 것이 아니라는 사실을 내가 알기 때문이다.

그것이 내가 하나님과의 대화로 얻게 되는 참된 기도의 경험이다. 나는 그것을 경험하며 살 수 있다. 이는 내가 나를 위해 그것을 이용한다거나, 미래를 위해 사용한다거나, 조용한 신념을 가지고 신앙과 기도의 잔잔한 속삭임을 끝없이 계속한다는 것이 아니다. 그 경험은 강렬하지만 계속 지속시킬 수는 없는 것이다. 나는 내일 다시 대화를 하도록 부름을 받게 될 것이다. 계명은 언제나 나에게 말을 걸어오기 때문이다. 그리고 소망이 언제나 나에게 다가오기 때문이다. 내일.

깨어있기

"깨어 기도하라"의 '깨어' 와 '기도하라' 는 연합된 것으로 분리될 수 없다. 기도는 깨어있는 행위이다. 깨어있는 것은 기도의 결과조건이 아닌이다. 당신이 기도하면 당신은 깨어있을 수 있고, 나와 함께 우리 모두 깨어있을 수 있다. 그러나 제자들은 기도하지 않았다. 겟세마네에서 그들은 아무것도 하지 않았다. 그들은 기다렸다. 그러다가 그들은 잠이 들어버렸다. 기도했다면 그들은 깨어 있었을 것이다. 여기서 우리는 기도의 응답이라는 주제를 다시 만난다.

그때그때 기도하는 목적 이외에, 기도는 우리 영혼을 깨어있게 한다. 그것은 기도에 대한 응답으로 세 번째 형태의 기도 응답이다. 우리는 우리 자신의 지성과 의지로서는 깨어서 주의 깊은 태도와 명료한 의식 상태로 밤을 새울 수 없다. 그것은 밤을 새워 하는 기도의 응답으로서 우리에게 주어진다. 우리는 대화 때문에 깨어 있게 된다. 하나님과의 교제는 우리가 잠드는 것을 막는 것이 분명하다. 깨어 있는 의식은 기도를 지속시킨다. 우리가 잠을 자면서 꿈이나 꾸고 있고, 눈은 뜨고 있지만 잠든 상태에 있거나, 안주하여 안락을 취하고 있는 상태에 있다면, 우리의 관심이 우리 자신에게 고착되어서 우리의 중요성이나 불만족, 우리의 자랑이나 우리의 죄악을 바라보고 있다면, 우리가 상념으로 이상주의적 세계를 지향하고 있다면, 어떻게 우리가 하나님 앞에서 진실하고 참되고 헌신적인 것을 말할 수 있겠는가.

깨어있음은 관심과 기다림, 소망과 통찰, 영적인 분별과 구체적인 현실감각, 인내와 개방성을 전제한다. 깨어있음은 이 세상에서 해야 할 일과, 이 사회에 속한 사람들에게 요구할 것에 대해 분명하게 통찰함으로써 기도를 돕는다. 그것은 애매하고 불분명하게 말을 더듬는 것이 아니라 실질적이고 필요한 기도를 하게 한다. 깨어있음은 또한 이 시대와 이 시대의 사람들과 사건들 속에 있는 하나님의 역사를 분별함으로써 기도를 돕는다. 하나님의 역사는 하나님의 위대한 창조가 시작된 이래로 계속된다.

"나와 함께 깨어 있으라." 예수 그리스도와의 관계가 없이는, 언제나 새롭게 영적으로 깨어있을 수 없다. 그것은, 비록 겟세마네의 기도와 같은 경우라 할지라도, 기쁨과 능력과 소망이 넘쳐나게 한다. 그러나 하나님의 사역을 분별하는 것은 세상일들을 꿰뚫어보는 지식과 함께 한다. 사금을 캐는 사람은 통에다가 몇 톤에 해당하는 모래를 담아 흔들고 나서야 소량의 금가루를 발견한다. 하나님의 약속의 말씀에 기반을 두지 않고는 세상의 참된 실상에 관한 어떤 현실인식도 불가능하다.[36] 사금을 캐는 사람은 모래 속에 금이 있다는 사실을 몰랐다면, 그 많은 모래를 통에 흘려보내지 않을 것이다.

깨어있음은 두 가지 면을 가지고 있다. 깨어있음은 긴밀한 기도를 통해 세상의 사건들을 지켜보는 것이다. 그것은 특별한 상황들뿐만 아니라 일반적인 요인들, 즉 정치어원적인 의미적인 것들에 대한 관찰을 뜻한다. 그것은 우리 사회에 속한 사람들과 관련되는 모든 것을 말한다. 그러므로 깨어있음은 정치적인 상황도 포괄한다. 그러나 예수의 재림을 기다리지 않으면 진정으로 깨어있다고 할 수 없고 진정한 기도가 성립될 수 없다. 기도는 종말론적인 기도를 통해서 완전한 의미를 갖는다. 그것은 영적 전쟁으로서의 기도를 뜻한다. 그것은 세상의 종말에 주님의 임재의 영광 속에 임하는 사건에 초점을 맞추어서 오늘이라는 현재에 올리는 기도이다.

과거에 주어진 계명에 근거한 것으로 여겨졌던 기도는 인자의 지상 강림 때문에 실제적인 의미를 갖는다. 그것은 계명 자체가 우리로 하여금 예수의 강림을 지향하게 했기 때문이다. 이전의 먼 과거로부터 우리에게 전해

---

36) 자끄 엘륄, 「그리스도인의 현실주의」 *Sur le réalisme chrétien*, 『신앙과 삶』 *Foi et Vie*, 1951.

졌던, 이천 년 전의 그 말씀은 우리로 하여금 미래를 바라보게 한다. "인자가 다시 올 때 너희가 서서 맞을 수 있도록 깨어 기도하라." 오직 계명에 순종하는 기도는 주님의 명령을 여러 세대에 걸쳐 전달한 사람들에 의해 계속되어왔다. 그것은 과거와 미래를 연결하는 선으로서 모든 시간을 하나로 통합시키고, 인류 전체를 하나의 교회로 연합시킨다.

자기몰입적 독백으로서의 기도는

일시적인 것으로 아무 의미가 없다.

제5장 투쟁하는 기도

기도가 하나의 투쟁이라고 말한 사람은 아주 많다.[37] 그 말은 대화의 경우와 같이 하나로 일치하지 않음을 의미한다. 하나님과 세상이 일치한다면 기도는 필요 없을 것이다. 기도의 관계성은 그런 일치가 부재하다는 표지이다. 기도가 투쟁이라는 말이 이 점을 확실하게 한다. 그러나 우리는 여기서 기도의 영속적인 본성이나 신학적인 정의를 찾으려는 것이 아니다. 단순히 이 시대와 이 세상에서 기도가 하나의 투쟁이라는 것 말고 그 외의 다른 것이 될 수 있는지 의문을 던지고자 한다. 이 시대와 이 세상에서 기도의 투쟁은 과연 어떤 특징을 갖게 되는가?

1. 하나님과 단절된 시대[38]의 기도

어쩌면 우리는 지금 하나님이 외면하는 단절의 시대를 살고 있는지 모른

---

37) "하나님에게 기도하는 것보다 더 큰 노력을 필요로 하는 것은 없다고 믿는다…. 기도는 마지막 숨까지 다하여 투쟁할 것을 요구한다."라고 사막의 교부는 말한다. -『교부들의 금언』*Apophtegmata Patrum*(P.G. 65, 112, B). "진정한 기도는 하나님과 함께 싸우는 것이다. 그리고 하나님이 승리하기 때문에 사람도 승리한다"- 키에르케고르,『일기 I』.

38) [역주] 원문의 불어 단어를 문자적으로 번역하면 버림받은 시대(la déréliction)라고 할 수 있다. 그런데 엘륄은 1972년에 출판한,『잊혀진 소망』*L'espérance oubliée*(대장간역간, 2009)의 제2장에서 이 시대를 하나님과 단절된 시대라고 설명한다. 인간이 하나님을 거

다. 복음서에서 종말에 관해 묘사한 시간은 "중간 시대"로서 이 때 인간은 더는 진리를 분별하지 못하고 폭력이 맹위를 떨치고, 선과 악의 혼란이 계속되고 선을 악이라 부르고 악을 선이라 부름, 인간은 후안무치해지고 모든 끔찍한 일들을 겪고, 불안이 너무나 커져서 불안에 사로잡힌 사람들이 죽게 되기까지 한다. 이 광란의 박해 시대에 칼날이 제일 선한 사람들에게 덮친다. 이 시대에 우리는 짧은 지식으로 하나님은 죽었다고 판단한다. 왜냐하면, 우리가 인간의 인식 능력 밖에 있는 신에 관해서 인간이 만든 개념이 더는 아무런 의미도 가지지 못하게 했기 때문이다. 이 시대에는 별별 메시아들이 다 나타나 인류의 구원을 말한다. 자신을 천부라고 하는 자도 있고 인류의 인도자라고 하는 자도 있고, 구원자라고 하는 자도 있고 보냄 받은 사도라는 자도 있다. 이 시대에 인간의 지혜는 하나님을 더 잘 이해하고자 한다는 명목으로 하나님의 지혜를 폐기한다. 이 시대에 인간의 기도는 응답을 받지 못하여 하늘을 향하여 부르짖어도 대답이 없다.

이 시대에 인간은 스스로 다 자란 성인이라고 자만하지만 비참한 고아의 신세가 된다. 하늘의 별들이 떨어지고 태양이 춤을 추듯 흔들리고 땅이 요동칠 필요가 없다. 인간의 마음에서 벌써 모든 염치와 규범들이 무너져 버렸다. 통제와 방임이 동시에 주어진 폭력적인 세력들이 기승을 부린다. 인간이 붙잡았다고 믿었던 빛이라는 이름의 암흑 속에 사람들은 갇혀버렸다. 종말의 유혹 속에 인간은 더는 하나님을 알기를 원하지 않게 되고, 하나님의 말씀은 소멸하고, 하나님은 당신을 부르는 자들에게 침묵한다.

우리가 이 단절된 시대역사 속에서 유일한 것도 마지막인 것도 아닌에 살고 있는 것이 맞는다면, 기도의 필요성은 더더욱 긴급하고 절실하다. 그러나 기도

부활 때 하나님은 물러나고 침묵한다. 하나님의 물러남은 인간의 관점에서 보면 하나님에게서 버림받은 것이다. 인간의 거부로 인한 하나님의 물러남과 침묵은 결국 인간과 하나님의 관계 단절을 부른다. 이 책에서는 『잊혀진 소망』에서 기술한 이 시대의 개념 정의에 따라서 '단절된 시대'로 번역했다.

는 모든 영역에서 투쟁을 전개해야 한다. 그것은 무엇보다 먼저 기도하기 위한 투쟁이다. 상식을 넘어서서 계명에 순종4장에서 본 바와 같이해야 한다. 하나님이 우리의 기도를 듣지 않는다 해도, 기도의 의미를 더는 알지 못한다 해도 이 순종은 우리에게 필요한 것이다. 그것은 이성적으로 이해되지 않는 것까지 수용하는 철저한 신뢰로서 우리가 잘 알지 못하는 기도의 실상과 가치와 의미를 받아들이는 것이다.

그것이 가장 가까이 임박한 투쟁의 모습이다. 그것을 받아들이려면 신앙의 긴 여정이 있어야 한다. 우리가 언급했던 은밀한 응답들을 얻으려면 삶의 긴 훈련이 필요하다. 이 고독 속에서 우리는 홀로 깨어서 침묵의 밤을 지켜봐야 할 것이다. 우리 자신의 힘으로 이 투쟁을 감당해야 한다.

불신의 실상을 알아차리며면 지금 여기서 신앙의 맹목적인 행위가 있어야 한다. 여기서 내가 쓰고 있는 이 "맹목적"이라는 말을 질책하지 말자. 그것은 신학적인 주제가 아니다. 나는 여기서 그 말을 가지고 "나는 불합리하기 때문에 믿는다"*Credo quia absurdum*라거나 "진리를 알려면 맹목적이 되어야 한다"라고 주장하는 것이 아니다. 내가 "맹목적"이라고 한 것은 우리의 현재 상황이 그렇다는 말이다.

우리의 현재 상황은 해석학의 지나치게 정교한 이론이 진리를 볼 수 있게 하는 것들을 다 제거했기 때문에 맹목적이며, 이 버림받은 암흑의 밤에 어떤 지각이나 감각의 빛도 우리에게 보이지 않기에 맹목적이다. 우리는 눈이 먼 맹인이기에 신앙의 맹목적인 행위 말고는 따로 할 수 있는 일이 없다. 이는 예수를 보지 못하는 맹인이 다윗의 자손을 부르짖는 것과 같다. 우리는 이런 불합리한 결단으로 생각하던 것과는 정반대의 다른 세계를 알게 된다. 우리는 주님을 만난다. 이제 기도는 본회퍼가 정의한 바와 같이 "불안 속에 망설이는 군중과 단절하는 것"이고 "세상의 폭풍우를 직면하는 것"이다. 어떻게 그것을 투쟁이라고 말하지 않을 수 있겠는가?

자기 자신을 향한 투쟁

기도는 먼저 자기 자신과의 싸움이라고 해야 하지 않을까? 이는 내가 집필한 모든 책에서 이미 언급한 것이다. 우리가 단절의 시대를 겪고 느끼는 것은 바로 우리 안에서다. 그리스도인은 근심과 의심에 쌓여서 기쁨을 주던 믿음들을 상실하고 있다. 우리는 이 점에서 싸워 나아가야 하고 우리 자신을 극복하고 설득해야 한다. 기도하는 것은 매번 유혹과 자포자기와 분열된 마음에 대해 승리를 가져온다. 기도함으로써 인간은 불안과 갈등에서 벗어난다. 그러나 기도는 인간이 자신의 비극과 파멸에서 벗어나려고 고려하는 최후의 방법이다.

이 세상은 타협이 불가능한 양상으로 인간을 분열시키고, 산만한 활동과 의미의 상실 때문에 인격을 파괴한다. 그런데 기도는 인간을 다시 통합시킨다. 그러나 그 통합은 인간 스스로에게서 나오지 않는다. 그것은 이 낮은 곳, 단절된 상황 가운데서도 하나님의 현존을 인식하는 데서 나온다. 그것은 순종의 의지요 에너지이다. 기도는 체념과 끝없는 불평이라는 두 가지 거짓을 물리친다. 그러나 그 통합을 이루려면 우리는 자신의 주변과 자신의 내면에서 너무나 자연스럽고 명백하게 받아들여지는 것에 대항하여 그 반대로 향하려는 의지를 가져야 한다.

우리 자신을 산만하게 하여 기도하지 못하게 하는 "여가활동"에 대해서 앞에서 말한 바 있다. 기도 속에서 통합을 이루기 이전에 기도하려는 열망을 가지려면 먼저 마음을 모아야 한다. 마음을 모은다는 것은 마치 말이 커다란 장애물을 넘기 위해 상당한 노력을 기울일 때 힘을 모으는 것과 같다. 자신의 분산된 모든 부분들과, 일에 쓰이는 모든 에너지들과, 모든 감정들과 모든 힘들과 모든 절망들과 모든 지식들과 모든 굴욕들을 다시 끌어모아야 한다. 만약 그 모든 것들이 모아지 않는다면 우리는 기도할 수 없다. 기도보다 더 즐겁고 분명한 수많은 활동들이 우리를 유혹하고 산만하게 하기 때문이다.

기도하는 것은 나에게 본능적으로 일어나는 본성적인 경향에 반한다. 그 경향은 문화와 환경과 직업의 영향을 받는다. 기도의 투쟁은 그런 가장 낮은 차원에서 벌어진다. 더 나아가서 "이게 무슨 소용일까?"라는 지속적인 의문과 마음을 갉아먹는 의심에 대항해서 우리 자신을 극복해야 할 것이다. 기도하고자 하는 의지도 중요한 것이지만 참된 기도를 하는 것도 정말 중요하다.

우리는 여기서 우리의 소비사회가 우리의 삶에 부과한 의미에 대항해야 할 의무가 있다. 우리 사회는 우리의 직업과 삶의 즐거움과 사회의 가치를 얻는 것을 오직 더 소비하는 데서만 찾게 한다. 이런 삶의 관습과 이데올로기에 갇혀 있는 기도는 그런 영향을 받아서 소비에 매이게 된다. 이제 기도는 나와 같은 인간에게는 소비를 더 많이 할 수 있도록 돕는 의미가 있을 뿐이다. 가장 초보적인 차원에서 청원 기도는 유용한 물질들을 확보하려는 것이다. 그 물질들은 오늘날 우리가 필수적인 것이라고 규정하지만, 사실은 필요 이상의 여분에 해당하는 것들이다. 기도한다면, 우리는 이 사회에서 우리 몫이라고 여겨지는 것을 하나님에게 요청한다. 왜냐하면, 우리는 우리 자신을 불의의 희생자로 보면서 산업이 생산하는 잡다한 물건들을 가지지 못하면 절망감을 느끼게 되기 때문이다. 하나님은 우리 사회가 산출한 필요 욕구들을 만족시키는 에이전트가 되었다.

우리가 하나님의 엄위함을 존중하고 하나님이 자신을 비워서 우리와 함께 한 역사를 인정해서 그런 함정을 피한다 해도, 우리는 소비의 욕망에서 자유롭지 않다. 왜냐하면, 우리의 기도가 영적인 소비 행위, 즉 하나님을 소비하려는 행위가 될 수 있기 때문이다. 우리 각자는 소비의 필요성에 너무도 깊이 매여 있어서 우리에게 다가오는 모든 것들을 우선적으로 그런 관점에서 평가한다. 하나님조차도 그런 관점으로 보는 것이다. 그것은 하나님을 통제하려고 시도하는 인간의 여러 가지 다양한 노력들 중의 하나이다. 그런 기도는 과거엔 합리적이고 신비적일 수가 있었다. 오늘날 그것은 화려한 소비 활동이 되었다.

이제 하나님은 우리에게 만족을 주는 대상으로 변한다. 그것이 오늘날 경건한 신앙생활의 가장 커다란 함정이다. 왜냐하면, 우리의 경건의 양상이 바뀌었기 때문이다. 여기에는 객관적인 신학^{바르트의 신학이 그 한 예가 된다}때문에 하나님이 객관화된 대상이 되는 위험이 있을 뿐만 아니라 실험주의 ^{불트만의 신학이 그 예가 된다}때문에 축소되어서 하나님이 경건의 대상이 되어버리는 위험이 있다. 또한 하나님이 능동적인 대상이 아니라 정반대로 우리의 욕구^{지적이거나 영적인} 충족을 위한 수동적인 대상이 되는 것이다.

마지막으로 기도는 소비와 연관되어 무엇인가를 습득하는 행위가 될 수 있다. 그것은 신앙을 소유하고 성령을 소유하려는 것이다. 그것은 신앙 안에서 신앙으로 사는 것이 아니며 성령을 받아들이고 성령에 의해 앞으로 나아가는 것이 아니다. 우리는 이 사회의 영향 때문에 소유하려는 경향을 가지게 된다.

참된 기도를 하려면 하나님과의 관계와 기도를 변질시키는 세상에 기인한 인간 내면의 욕망들과 먼저 싸워야 한다. 먼저 어떤 의미에서 "기도 이전의 기도"라고 할 수 있는 우선적인 행위는 인간에게 침입하여 인간성을 틀 지우는 이 거대한 세력을 정화하는 것이다. 그러나 계명에 순종하는 것은 인간을 변화시킨다.^{로마서 12:1-2} 그러므로 기도는 투쟁에 돌입하는 것이고 인간의 익숙한 본성을 스스로 거스르는 것이다. 기도는 의미를 부여해 줄 수도 있고 삶을 변화시킬 수도 있지만, 결코 어떤 혜택을 받게 하거나 무엇인가를 획득하게 하는 것은 아니다. 기도는 결코 소비 욕구를 만족시키는 것이 아니다.

그것은 이미 기도의 모범으로 주어진 주기도문이 우리에게 가르쳐주고 있다. 주기도문은 인간의 마음에서 우러나오는 "본능적인" 기도와는 전적으로 다른 것이다. 그것은 많은 말을 쏟아 부으며 무익한 말마태복음 12:36-37을 하고 우리의 욕구에 따라 불필요한 중언부언마태복음 6:7을 하는 것과는 완전히 다른 것이다. 주기도문의 하늘에 계신 우리 아버지라는 말은 절제와 규율을 담고 있다. 그러나 그것은 우리의 필요를 나타낸 말은 아니다. 예수는 그 점을 명백하게 했다. "그러므로 그들을 본받지 말라 구하기 전에 너희에게 있어야 할 것을 하나님 너희 아버지께서 아시느니라."마태복음 6:8 그러므로 하나님 앞에서 우리에게 필요한 것이라고 생각되는 것을 구성지게 마냥 늘어놓는 것은 무익한 것이다. 우리에게 필요한 것을 하나님은 이미 알고 있으며 우리를 사랑하여 그걸 우리에게 준다. 그게 아니라면 우리가 필요하다고 생각한 것들이 사실은 이 소비 사회가 광고로 만들어 낸 거짓된 이미지에 지나지 않는다. 그 점을 지적하고 나서, "그러므로 너희는 이렇게 기도하라"마태복음 6:9라는 말씀이 이어진다.

예수가 제시한 이와 같은 기도의 모범은 훌륭한 반소비주의적인 기도라고 할 수 있다. 그것은 인간이 원하는 것이 아니라 하나님이 원하는 것에 집중한다. 그것은 하나님이 모든 창조물에 의해 그 이름이 거룩해지는 것과 하나님의 뜻에 인간이 자발적으로 순종하여 사랑으로 그 뜻을 이루어 나가는 것을 필요로 한다는 사실을 우리에게 일깨운다. 하나님은 인간의 사랑과 신뢰와 충성의 표명이 필요하다. 이는 마치 피조물이 하나님의 통치와 사탄에 대한 승리와 죄의 용서를 구하는 것과 같다. 그러나 그런 변화를 가져오게 하려면 기도 안에서 기도를 통하여 자기 자신과 맞대결하는 투쟁이 필요하다.

종교와의 투쟁

기도는 또한 종교적인 것과 전선을 형성하며 투쟁한다. "종교적인 것"을 언급하지 않는다면 나는 이 시대의 유행에 뒤떨어진 것이다. 그러나 이 시대의 유행 뒤에는 참되고 진실한 것이 감춰져 있다. 여기서 문제는 기도가 종교적인 형식들을 따르면서 종교적인 수행으로 조직화한 종교들 속에서 행해진다는 사실이다. 그런데 기도는 예수 그리스도의 하나님의 계시 안에서 종교적인 것에 대해 투쟁하는 무기가 된다.

많은 본회퍼의 제자들은 그의 비종교적인 그리스도 공동체 구성에서 기도가 차지하는 비중이 아주 크다는 사실을 발견하고 크게 놀란다. 그것은 본회퍼에게 남아있는 일종의 경건주의적인 흔적이라고 평가하는 사람들이 있다. 나는 그것을 투쟁으로서의 기도가 아주 깊이 뿌리를 내린 것으로 본다. 초기 그리스도인들은 영지주의, 금욕주의 등에서 유래한 관념들과 예식들과 실례들을 취하고 그것들을 계시에 도입하여서 아주 다른 것으로 만들었다. 그래서 그것들이 원래 뜻과는 정반대의 다른 것이 되어버리기도 했다. 기도가 종교적인 행위이기 때문에 비종교적인 그리스도교에서 배제되어야 하는 것은 아니다. 그러나 우리는 우회할 필요가 있다.

나는 비종교적인 그리스도교[39]에 관한 논의를 많이 들었다. 나는 거기에 대해 이런 질문을 하고 싶다. 그런 그리스도교가 어디 있으며 무엇으로 그 존재를 나타내고 있는가? 나는 그 고유한 모습을 보지 못했다. 거기에 대해 예배와 전례와 찬양을 거부하는 것을 언급할 수 있다. 나는 거기서 비종

---

[39] 여기서 나는 "사신 신학들"에 대해 말하는 것이 아니다. 예수 그리스도의 하나님이 죽어서 존재하지 않거나 또는 그렇게 되었거나 했다면, 기도에 관해서는 말할 필요가 없다는 점은 분명하다. 그러나 신앙이나 그리스도에 대해서는 더더욱 말할 수가 없게 된다. 무신론의 그리스도교를 설명하려고 영혼을 고문하는 것은 정말 헛된 것이다. 거기에 대한 유일한 방안은 그리스도교를 제거하는 것이다. 해밀톤(William Hamilton, 1924-2012, 사신 신학을 주장)과 알타이저(Thomas Altizer, 1927-, 사신 신학을 주장)는 철학이나 정치학이나 사회적 행동을 해야 했는데 왜 그들은 신학을 그렇게 열정적으로 했을까? 그들의 관심과 흥미를 끈 것은 세상이다. 그들이 스스로 깨닫지 못한 것은 그들의 입장이 급진주의와 유사하다는 점이다. 왜냐하면, 하나님을 향한 그들의 입장은 급진적이 반면에 인간 사회를 향한 태도는 그저 체제 순응적이고 복종적이기 때문이다.

교적인 요소를 잘 보게 되지만, 그것은 부정적이고 "배타적인" 것에 그칠 뿐이다. 설교를 없애는 것에 대해서도 마찬가지이다. 나는 거기서 어떻게 "그리스도교"를 발견할 수 있는지 모르겠다. 나는 거기서 도덕적이라 할 수 있는 시도를 찾아보지 못했다. 왜냐하면, 본회퍼의 윤리론은 비종교적인 그리스도교를 주장하기 이전에 형성된 것이기 때문이다.

사실상 우리는 이 시대의 사회가 원하고 바라는 것에 어느 정도 순응하는 태도를 계속 접한다. 그러나 이 비종교적인 그리스도교가 구체적이고 실체적으로 보여준 것이 없다. 언제나 이 비종교적인 그리스도교를 주제로 하는, 신학적이거나 철학적인 변론이 있을 뿐이다. 그것은 구어적인 단계를 벗어나지 않는다. 그리스도교 안에서 종교적인 것을 소멸시키는 것은 논문이나 지적인 게임이나 몇 가지 형식의 제거로 되는 것이 아니다. "탈종교화된" 종교적인 행위만이 종교적인 것을 확실히 소멸시킬 수 있다. 탈종교화와 비신성화를 가능하게 하는 것은 인간의 능력이나 지적인 작업이 아니다. 그것은 살아있는 존재, 전적인 타자, 초월자^{이 말들은 아무것으로도 정의될 수 없는 존재를 가리키기 위함이다}의 현존이다.

인간이 자신의 능력으로 자신의 계획을 따라 행동한다면, 인간은 필연적으로 또 하나의 종교를 만들 것이다. 종교는 종교와 반대되는 것에 의해서만 해체될 수 있다. 그것은 계시이자, 은총이요 하나님의 현존이다. 그것은 종교적인 것을 소멸시키는 하나님의 현현이다. 그러나 독립적이고 자율적인 그런 계시에 대해서 우리는 아무것도 할 수 없다. 하나님만이 언제 어떻게 할 것을 결정한다. 우리에게는 어떤 보장이나 확신도 없다.[40] 하나님의

---

[40] 불트만과 본회퍼의 글이 언제나 나에게 커다란 충격을 주는 것은 하나님이 다시 수동적인 대상이 되어버렸다는 점이다. 그것은 "하나님을 대상으로 보는 것"과 싸우려고 그런 글을 썼다는 ㅡ 두 사람들의 주장과는 성반대이다. 사람들이 필요에 따라서 하나님을 조작한다. 고전적인 신학에서와 같이 하나님이 체계의 한 부품이 되어버렸다. 그 체계 자체를 검토할 수 있는 장치가 없다. 어떤 교리들보다 더 좋지 않은 것은 "정의를 내리지 않는 것"이다. 그것은 하나님을 미이라로 만드는 것과 같다.

현존 앞에서 종교 형태들과 개념들과 연구들과 경건 생활들 가운데 종교적인 것이 사라진다. 왜냐하면, 그것들이 종교적이었던 것은 알 수 없고 붙잡을 수 없는 하나님과의 연결을 위한 것이었기 때문이다. 그러나 우리는 그렇게 할 수가 없다. 우리가 계속 그런 상태로 있다면, 비종교적인 그리스도교를 형성하고 종교와 싸우는 것이 불가능해진다.

그러나 여기 또 다른 하나의 길(그러나 똑같은 길!)이 있고 또 다른 가능성(그러나 똑같은 것!)이 있다. 하나님이 나에게 기도하라는 계명을 내렸다. 하나님의 성육신은 또한 우리가 기도 가운데 우리 각자에게 하나님이 가까이 다가오는 것이기도 하다. 그것은 하나님이 나에게 위임한 것이다. 하나님은 내 기도를 들을 수 있도록 당신을 내 수준에 맞춘 것이다. 하나님은 나에게 접근 가능한 존재가 된 것이다. 기도의 주도권이 다시 나에게 주어진다. 이제 내가 원하는 바에 따라 내가 원하는 시각에 기도한다. 그것은 종교에 속한 "하나의 종교적인 행위"이지만, 종교적인 것을 제거하는 하나님과의 참된 관계로 변화된 것이다.

기도가 탈종교화된 종교의 행위라는 면에서 기도는 종교적인 것을 그 내부에서 공격한다. 신학적인 변론은 그 외부를 공격하여 아무런 효과도 불러오지 못하지만, 기도는 그 중심을 공략하는 것이다. 예수 그리스도의 하나님에게 기도하는 것은 종교적인 성전을 허무는 행위이다. 그 성전은 살아계신 하나님과 실제적인 관계를 맺음으로만 무너뜨릴 수 있다. 우리에게 우리 스스로 그 관계를 맺도록 위탁하는 동시에 명령하는, 하나의 계명에 순종함으로써만 그 관계는 이루어질 수 있다. 그것은 기도하라는 계명이다. 그러므로 기도는 우리가 결정할 수 있는 유일한 행위(필연적으로 그렇다는 건 아니다. 인간이 기도에서도 범할 수 있는 모든 잘못들을 이미 언급한 바 있다)로서 인간의 마음 깊이 있는 종교를 공격한다. 그것은 제도화되고 조직화된 종교들을 공격하고 전적인 타자와의 관계(신앙, 은총)를 맺음으로써 비종교적인 그리스도교를 세운다. 그 이외의 다른 모든 것은 소설에 불과하다.

거짓의 영을 대적하는 투쟁

단절의 시대는 또한 커다란 유혹들과 이단들이 흥하는 시대이다. 그 둘은 함께 어울린다. 예수는 우리에게 그 사실을 경고했다. 세상의 고통과 재앙은 주님으로부터 우리를 멀어지게 하기 위한 공격의 외적인 모습에 지나지 않는다. 다른 구세주들이 나오고 절망이라는 유혹이 생겨난다. 세상의 권력들이 특별히 힘을 발휘한다. 계시를 왜곡하는 말들이 나오고 세상 임금들과의 싸움은 격렬해진다. 그런데 기도는 이 싸움에서 사용할 수 있는 유일한 무기이다.

물론 계시에 대해서 아무렇게나 다 말하도록 내버려 둘 수는 없다. 이단은 이단일 뿐이다. 나는 그렇게 말하는 것의 어려움을 잘 안다. 무엇에 대해서 이단이란 말인가! 하나의 정통을 수립한다는 것 자체가 주님을 배신하는 것이다. 살아계신 하나님은 어떤 경직성도 용납하지 않는다. 게다가 한편에선 이단인 것이 다른 편에서는 이단이 아니다. 그걸 누가 결정한단 말인가. 한 시대에 이단인 것이 다른 시대에는 이단이 아니다. 이런 극단적인 상대주의의 영향 속에서 우리는 어느 것도 이단이라 판정하지 않고 그냥 내버려두고자 하는 유혹을 받는다. 그러나 그런 "자유주의"는 거짓이고 비겁한 것이다.

우리가 잘 표현할 수 없고 이해할 수 없는 하나의 진리가 있다.[41] 거짓은 진리가 아니다. 이단은 거짓이다. 그러나 동시에 이단 악한 영의 행위에 따라서 언제나 선의를 가장하는 앞에서는 제도적인 폭력적 억압 가톨릭의 정책이 그랬다이나 논리적 변증법이 통하지 않는다. 억압 정책의 경우는 부적절하다. 왜냐

---

41) 복음서에서 "진리가 무엇이냐?"라는 질문에 대해서 대답이 없다고 주장한 어떤 사신 신학자의 말은 거짓이다.

하면, 문제가 신념과 진리에 관한 것이기 때문이다. 변증법도 경우가 맞지 않는다. 왜냐하면, 영적인 것이지 지적인 것이 아니기 때문이다.

이단에 대항할 수 있는 유일한 무기는 기도이다. 한편으로는 영적인 분별 작업이 필요하다. 그러나 그것이 항상 마법이나 투시력의 은사와 같이 작용하는 것은 아니다. 영적 분별은 성령의 임재가 함께하는 기도로만 가능하다. 영을 분별하고 이단의 의미와 비중을 파악한 후에, 그것과 싸우는 방법은 권력을 사용하고 억압하고 통제하고 금지하는 것이 아니라 그 영적인 근원을 구분하는 것이다. 영적인 근원에 따라 영적인 능력이 다르다. 그런 차원에서만 비로소 진정한 투쟁이 일어나며, 기도는 영적인 능력을 가져온다.

그런 이유에서 바울은 영적인 전투에 대해서 이야기한 후에에베소서 6장, 우리가 잘 아는 영적인 무기들하나만 제외하고는 다 방어적이다을 열거하는 것이다. 그는 하나님의 말씀이 성령의 검이라고 한 후에 "모든 기도와 간구를 하되 항상 성령 안에서 기도하고…"라며 기도의 권고로 끝을 맺는다. 성령이 훌륭한 무기를 준비하는 데 그것은 하나님의 말씀이다. 그러나 영적인 전투는 기도 속에서 기도를 통해서만 이행될 수 있는 것이다.

기도는 예수 그리스도의 진리를 받아들이고 깨달을 가능성을 활짝 열어준다. 다른 모든 수단과 방법들은 환상과 종교의 산물들에 지나지 않는다. 우리는 다른 영적인 세력들의 제압과 이단의 소멸과 거짓의 근절에 관해서 보증이나 보장을 할 수 없다. 유일한 무기인 기도는 승리한 점수를 매기거나 정복한 지역을 지도로 표시하지 않는다. 이 영적인 전투에는 승리를 표시하는 게시판이 없다. 다행스러운 일이다. 그런데 우리에게 유일하게 요구되는 것은 주님이 이 길을 택하였다는 사실을 믿는 것이다. 이제 쉬지 않고 기도하는 일만 남아 있다.

종교나 이단이나 다른 영적인 세력들을 대적하는 영적인 전투에서 우리는 기도를 무기로 삼는다. 그런데 기도는 우리 자신에게도 영향을 미친다. 우리 자신의 문제는 신경도 쓰지 않고, 또 우리를 위해 기도하지 않았는데도 말이다. 기도는 생기를 불어넣는 능력을 가져온다. 우리가 기도할 때 우리 자신에 대해 광적으로 집착하면, 우리는 기도를 고갈시키고 만다. 우리가 기도 가운데 주님의 영적인 전투에 헌신한다면, 기도는 우리 자신을 변형시킨다. "기도하는 사람은 살아있다. 그리고 살아있는 사람은 기도한다."Alexandre Dumas 살아있다는 것은 영적인 의미에서뿐만 아니라, 온전한 인격 전부로서 육적으로 감각적으로 사회적으로 정치적으로 지적으로 영적으로 살아있다는 말이다. 그중의 하나라도 빠진다면 온전할 수 없다. 이것이 우리가 전적으로 헌신하며 기도할 때 일어나는 기도의 역사이다. 그것은 세상 그 어느 것도 개의치 않을 때 스스로 기도하려고자기 자신과 싸움하는 것이다.

영적인 전투에 대해 생각할 때 마지막으로 우리는 "악에 대항하는 전투"를 떠올린다. 그것은 사실이다. 왜냐하면, 우리는 예수가 겪은 고난에 함께하기 때문이다. 그런데 그가 승리를 쟁취했어도, 우리는 우리 자신의 임무에서 해방되지 않는다. 우리는 세례와 성만찬에서 주님의 죽음과 부활에 연합한다. "부활의 긴박성"이 세례받은 신자를 예수의 고난의 신비에 참여하게 한다. 우리는 예수의 영적인 전투에 함께한다. 기도는 우리가 아는 유일한 방책이다. 그러나 정말 놀라운 것은 마지막 전투를 위해서 예수는 우리에게 "우리를 시험에 들게 하지 마시고"라는 기도를 가르쳐주었다는 사실이다.

"우리가 예라고 한 것은 어둠의 세력들을 대항하여 싸우는 것에 대한 것이지 마지막 시험에 대한 것이 아닙니다. 그것은 우리가 하늘이 텅 비어 있다고 믿을 때 일어나는 절대적인 시험입니다. '왜 나를 버리셨나이까' 라는 때를 겪지 않게 하고 당신의 얼굴로부터 멀어지지 않게 하고 '아무도 살아남지 못할' 마지막 날에 당신을 떠나 있지 않게 하고 그 시험이 당신으로부터 오지 않게 하소서." 세상에서 어둠의 세력들에 대한 영적인 전투는 내가 겪어야 하는 고난이자 하나님과 함께하는 전투이다. 그리하여 우리는 하나님이 우리와 함께 머물게 한다. 그리고 성육신은 항상 갱신되는 진리가 된다.

2. 하나님을 향한 투쟁

전적인 투신

하나님의 전사인 이스라엘은 또한 하나님과 싸웠던 존재이다.[42] 기도하는 모든 사람이 그런 이름을 가져야 한다. 기도는 하나님과 함께 싸우는 것이기 때문이다. 오늘날 우리는 기도하기에 극도의 어려움을 겪어야 하는 상황 속에 있다. 그 어려움은 확신의 열매인 기도는 우리가 하나님을 꼭 붙잡아서 하나님에게 "축복을 내리도록" 강청해야 하는 것임을 아주 직접적으로 알게 한다. 기도는 전능하신 하나님의 명백한 개입으로 우리가 받을 수 있는 혜택들을 나열하는 것이 아니다. 기도는 감추어진 하나님이 스스로를 드러내고 밝혀서 우리 삶의 자리에 관여하도록 강청하는 것이다.

하나님이 예수 그리스도로 성육신했기에 하나님을 지각할 수 있고 느낄 수 있고 가까이할 수 있다는 말은 헛된 말이다. 이는 인간 예수의 얼굴 이외에는 다른 것이 있을 수 없다는 주장과 같다. 그것은 새로운 신학적인 주장을 펼치는 것이 아니라 포이에르바하에게서 나온 신학적 이론에 따르는 것이다. 그것은 둘 중 하나의 예수를 선택해야 한다는 것이다. 하나는 모든

---

42) [역주] 창세기 32:28절에 야곱이 이스라엘이라는 이름을 가지게 되는 연유가 나온다.

인간, 특히 가난한 사람들에게서 볼 수 있기에 우리와 가까운 예수이다. 또 다른 하나는 역사적인 예수이다. 하지만 우리가 신앙적으로 회고록과 같은 관점을 가지든 도덕론과 같은 관점을 가지든 간에, 예수는 우리가 본받아야 할 모범이다.

이 모든 논의는 이미 오래전부터 진행되어 왔다. 문제의 두 가지 주장들은 다 아무런 열매도 맺지 못한 채 곧바로 미온적인 반응이나 무관심을 자아냈고, 그리스도 안에서의 계시의 근간을 해체해 버렸다. "그리스도교"를 지나치게 극단적으로 인간화하는 것은 그 근간을 해체한다. 왜냐하면, 그렇게 할 때 그리스도는 더는 아무런 의미도 가지지 못하게 되기 때문이다.

예수는 단순한 인간이 아닐뿐더러 인자라는 호칭이 하나님의 아들의 변증법적인 반명제[43])에 해당한다고 인정할 때, 우리는 은밀하게 계시된 하나님, 성육신주 하나님을 계시하면서 동시에 감추는의 현존에 다가가게 된다. 은밀하게 계시함으로써 하나님은 우리에게 기도하라는 계명을 내리고 이에 대한 우리의 순종은 하나님을 드러나게 하는 데 필요한 행위이다.

우리는 기도할 때에 하나님에게 누구를 위해 존재하는지 계시해주기를 강청하곤 한다. 특히 이 버림받은 시대에 우리는 기도를 통해서 하나님이 우리를 향해 다시 얼굴을 돌리고, 인류를 안개와 어둠 속에 헤매도록 방치하지 말고 하나님이 역사하도록 구한다. 우리는 창조 행위가 이 시대에 계속되어 새로운 창조의 시대가 열리기를 구한다. 우리는 예수 그리스도 안에서 단 한 번 일어났던 계시에 만족할 수 없다. 또한 우리가 지각할 수도

---

43) [역주] 극단적으로 예수의 인성만을 주장하는 신학자들은 그 주장의 근거들 중의 하나로 예수가 자신을 '인자'라고 호칭한 사실을 내세운다. 그렇지만 구약에 나오는 '인자'라는 호칭은 하나의 단순한 인간을 지칭하는 것은 아니었다. 또한 예수가 자신을 '인자'라 칭한 것은 주로 자신의 제자들을 향한 것이었다. "주는 그리스도시요 살아계신 하나님의 아들이시니이다."라는 믿음의 고백으로 자신을 따르는 제자들에게 예수는 구약의 '인자'라는 호칭으로 자신의 인간됨과 함께 자신의 메시아 사명을 이중적으로 나타낸다. 여기서 엘륄은 이를 변증법적인 반명제라는 개념으로 표현하고 있다.

없고 가까이할 수도 없는 하나님의 객관성에 동조할 수도 없다. 우리는 어디서 도움이 오는지를 찾고 있다. 시편의 응답을 알고 있다 하더라도, 우리는 기도를 통해서 그 응답이 이론적이거나 일반적이지 않고 하나님이 수용하는 결정으로서 현실적인 것이기를 요청한다.

기도는 알 수도 없고 붙잡을 수도 없고 가까이할 수도 없고 말로 표현할 수 없는 존재와 함께하는 영적인 전투에 참여하는 것이다. 그리하여 지금 여기서 하나님이 약속한 대로의 하나님으로 임하기를 구한다. 그것은 영적인 투쟁으로서 우리 손에 주어진 물체를 사용하는 것이 아니다. 그것은 대화를 시작하고 지속하게 하기 위한 투쟁이다.

우리는 앞에서 하나님이 먼저 대화를 시작했다는 점을 언급했다. 그것은 사실이다. 하나님이 먼저 말을 시작했기에 대화가 가능한 것이다. 그러나 먼저 시작한 것은 객관적인 것으로 말씀이 선포되었고 그 말씀은 문자로 기록되었다. 계명은 모든 시대의 모든 인간을 향한 것이었다. 지금 나는 그 계명을 들었다. 이제 내가 기대하는 것은 이 시대와 내가 대변하고 있는 이 시대의 사람들을 위한, 그리고 나를 위한 오늘의 행동이다. 과거에 말씀했던 하나님은 현재에도 계속 말씀하고 있다. 하나님은 더는 인간을 개인적이고 집단적인 굴레에서 제자리를 맴돌도록 방치할 수 없다.

기도는 하나님이 침묵하지 말라는 요청이다. 그런데 하나님은 침묵한다. 기도는 모든 명백한 사실과 경험에도 불구하고 대화를 계속하는 것이다. 기도는 하나님을 가만히 두지 않는다. 기도는 한밤중에 빵을 달라고 이웃에게 찾아와서 일어날 때까지 끈질기게 괴롭히는 사람의 태도와 같아야 한다. 또한 무관심한 판관에게 정의를 요구하는 과부와 같이 완강해야 한다. 즉 기도는 하나님과 씨름하는 것으로서 강청하고 괴롭히고 끊임없이 공격하여서 어떤 대가를 치르고서라도 하나님의 침묵과 부재를 뚫고 들어가는 것이다. 그것은 하나님의 응답과 계시를 위해 하나님과 투쟁하는 것이다.

기도는 사신 신학과는 정반대이다. 사신 신학은 신의 죽음을 기정사실로 삼는 것으로 시작해서 그것을 객관화하여 승인한다. 즉, 기도하는 사람도 "신의 죽음"을 알고 있는데 다만 그 사실을 인정할 수가 없다는 식이다. 주 기도는 간결한 표현으로 하나님을 이 땅 위에 "강림하게" 하는 기도의 모범이다. 왜냐하면, 예수는 우리에게 하나님을 아버지라고 부르도록 가르침으로써 가장 강력한 무기를 주었기 때문이다. 프로이트를 신뢰하여 "거세하는 아버지"라거나 "억압하는 아버지"라며 비난하는 사람들의 주장은 사이비과학에 가깝고 헛된 주장이다. 그들은 아버지를 "나의 자율성을 해치는 경쟁자요 내 욕망을 제압하는 자"라고 비판하며 나로서는 그에게 오이디푸스 콤플렉스를 가질 수밖에 없다고 주장한다.

프로이트가 주는 끔찍한 환상은 우리가 아버지를 부르면서 복종하는 척만 하고, 사실은 아버지의 자리를 대체하려고 자신이 윤색한 아버지의 특성들을 차지하려고 한다는 것이다. 그리고 그 환상은 기도하면 어린애 같이 되어서 남자로서의 책임을 당당하게 맡지 않게 된다고 가르친다. 예수가 우리에게 주는 아버지의 이미지는 그것과는 아주 다르며 자녀와의 관계도 다르다. 그러나 그것은 "하나님이 아버지인 것은 아버지들이 일반적으로 아버지가 아닌 것과 같다"Crespy, 44)는 경고이다. 성경에 이른 것처럼 아버지에게 기도하는 것은 다음과 같은 뜻을 담고 있다. "하나님은 우리가 인간적으로 단순하게 생각하는 그런 아버지가 아니다. 왜냐하면, 우리 자신이 인간적인 욕망에 굴복해서 신들이 되려고 했던 것과 같은 방식으로 하나님이 아버지가 되는 것이라고 너무나 자주 착각하기 때문이다. 인간이 하나님이 되기를 원하는 것과 같이 하나님이 하나님이 되는 것이 아니다." Mottu, 45)

---

44) [역주] 조르지 크레스피(Georges Crespy, 1920-1976), 프랑스 개신교 신학자.
45) [역주] 앙리 모뛰(Henry Mottu), 프랑스 개신교 신학자.

"너희 중에 아버지 된 자로서 누가 자신의 자녀들에게 나쁜 것을 주겠는가?" 부르주아적 사고방식이나 옛날의 관념이 아직 남아있는가? 그래서 참되고 순전하고 순결하고 진정성 있는 사랑, 서로를 주고받는 완전히 신뢰하는 사랑, 서로 헌신하는 사랑, 아버지와 자녀들 간의 온전하고 분별 있는 사랑, 서로에게 유익한 그런 것이 있다는 것인가? 하나님을 우리 아버지라 부르는 것은 프로이트가 발견했거나 그렇게 믿는, 아버지와 자녀의 소외된 관계를 정화하는 것이다. 그것은 내가 아버지에게 기도하는 것이므로 아버지를 부정하는 것이 아니라 나 자신이 아버지가 되는 것, 즉 하나님의 자리에 앉는 것을 공개적으로 부정하는 것이다. 그럼에도 불구하고 그것은 또한 하나님을 향한 몸짓이다. 즉, 하나님이 더는 침묵하거나 자리를 피하지 않도록 그를 붙잡으려는 것이다. 이점에서 샤를 페기[46]의 시는 정말 마음에 와 닿는 진실이 있다.

〈 하나님의 말 〉

하늘에 계신 우리 아버지, 그는 그날 그가 뭘 하고 있는지
    너무나 잘 알고 있었다
그들을 사랑하는 내 아들은
그들 가운데 살았고 그들 중의 하나로 함께 했고
그들과 같이 지냈고, 그들과 같이 말했고, 그들과 같이 살았고
고난을 당했고
그들과 같이 고통을 느꼈고, 그들과 같이 죽었다

그는 그날 그가 뭘 하고 있는지 너무나 잘 알고 있었다

---

[46] [역주] 샤를 페기(Charles Péguy, 1873-1914). 프랑스의 사상가이자 시인. 1908년에 회심하여 가톨릭에 입문. 여기 소개된 시는 1912년의 작품.

그들을 사랑하는 내 아들이

나와 그들 사이에 울타리를 쌓을 때, 하늘에게 계신 우리 아버지라는

    몇 마디의 말로 쌓은

그 울타리는 나의 분노와 어쩌면 나의 정의조차도 결코 넘지 못하리라

그 몇 마디의 말은 한 빈약한 함선의 선수에 있는 충각처럼 앞서 나아간다

나의 분노의 물결을 가르며

그 충각이 지나가면 함선이 뒤따르고 모든 선단이 뒤를 잇는다

내 아들은 너무나 잘 안다

나의 정의의 팔을 묶고 나의 자비의 팔을 푸는 법을

지금은 내가 아버지처럼 그들을 심판해야 한다는 것을

내 아들은 그들에게 말했다

내 아들은 그들에게 심판의 비밀조차 전했다.

배의 뾰족한 끝인 하나의 뾰족한 점을 통해 시작하여서

배의 항적이 넓어졌다가 점차 사라져 자취도 없어지고 마는 것과 같이

죄인들의 커다란 항적은 넓어졌다가는 사라져 자취도 없어지고 만다

그러나 그는 하나의 점으로 시작해서 나에게 온다

나를 향해 온다

그 배는 세상의 모든 죄들을 다 짊어진 나의 독생자

배의 선수의 충각[47]은 내 아들이 모은 두 손이다

---

47) [역주] 충각(Ram)은 선박의 선수와 선미에 장착하여 적 선박과 충돌할 시 상대 선박을 부수는 데 쓰인 무기이다.

그 충각은 "우리 아버지"라는 몇 마디의 말로서

넓어졌다가는 사라져 자취도 없어지고 만다

수도 없는 기도의 항적이

그 기도는 수많은 사람들이 수없이 많은 날들을 통해 한 것이다

(그의 형제들인 평범한 사람들이…)

세상의 죄를 짊어진 기도의 거대한 이 선단이

기도와 참회의 이 거대한 선단이 나를 습격한다

당신이 아는 물살을 가르는 선수의 충각으로

나를 향해 다가온다 당신이 아는 물살을 가르는 선수의 충각으로

그것은 화물선이다

그것은 여객선이다

그것은 전함이다

고대의 아름다운 선단이, 삼단의 노로 젓는 선단이

왕을 공격하기 위해 전진하는 것처럼

나에게, 당신은 내가 무얼 하기를 원하는가

나는 습격을 당한다

그 선단 안에서, 그 거대한 선단 안에서

각각의 주기도문은 한 척의 원양 항해선 같다

"하늘에 계신 우리 아버지…"라는 선수의 충각을 가지고서

나를 향해서 다가오는….

— 아기 성자들의 신비 – *Mystère des Saints Innocents*

우리가 하나님을 아버지라 부를 때 하나님과 하나의 관계를 맺게 된다. 그 관계는 어떤 것으로도 끊을 수가 없다. 하나님에 대한 모든 현대의 신학

이론들, 모든 변론들도 그걸 바꿀 수는 없다.

생명을 건 씨름

그러나 하나님은 쉽게 양보하지 않는다. 하나님은 아무 말에나 끌려 다니지 않는다. 하나님은 아무 기도나 다 받아들이지 않는다. 좋은 기도와 나쁜 기도가 있다거나 경건하고 정숙하고 적절한 기도와 분별없고 불합리하고 이단적인 기도가 따로 있기 때문에 그렇다는 것이 아니다. 거기엔 단지 마음 깊이 전적으로 아무 조건 없이 헌신하는 기도와 예수 그리스도의 열정과는 다른 열정으로 가득한 기도와 의례적이고 공식적인 기도가 있을 뿐이다. 하나님과 싸우는 기도는 기도하는 사람의 헌신이 따른다. 여기서 우리는 앞에서 비판했던 사고방식을 다시 발견한다. 그것은 기도하는 사람은 하나님이 요구하는 것을 이행해야 한다는 것이다. 그것보다는 차라리 하나님이 그 사람을 보내서 하나님이 요구하는 것을 하게 한다고 받아들이는 것이 낫다. 그러나 그것은 기도의 헌신에 따르는 첫째 항목이 아니고 두 번째이다. 이는 네 이웃을 사랑하라는 계명이 둘째 계명인 것과 유사하다. 첫째 항목은 하나님과 함께, 하나님을 위해, 그리고 경우에 따라서는 하나님을 거슬러서 헌신하는 것이다. 하나님에게는 전부를 요구하면서 정작 자기 자신은 조건을 내세우거나 모험을 피하려고 할 수는 없는 것이다.

아브라함의 기도는 협상과 논쟁을 벌여서 하나님의 결정을 침해하려고까지 했다. 야곱의 기도는 전력을 다하여 하나님과 씨름을 벌인다. "내가 가게 하지 않겠나이다…." 그 고집과 그 치열함은 정말 놀라울 정도이다. 천국은 침노하는 자의 것이다. 여기서 "거룩한 폭력"이라는 말의 '거룩한' 이라는 단어는 경건하고 친절하고 정중한 것과는 거리가 멀다. 그것은 거룩함을 띤 극단의 폭력이요 신성모독이다.

그러나 하나님은 사람이 스스로 그 결과까지 감당하려고 할 때만 이 폭력을 수용한다. 하나님에게 올린 기도를 하나님이 받아들인다면 기도한 사람은 먼저 그 결과를 감당해야 한다. 아브라함은 소돔을 위해 중보기도를 한 뒤 그 대가로 자신의 아들을 희생하는 것을 받아들여야 했다. 야곱은 자신의 기도에 대한 대가로 둔부의 고관절이 손상되어 평생 다리를 절어야 했다. 그렇지만, 통상적으로 하나님의 결정은 하나님에게 부르짖는 사람으로 하여금 일을 맡게 한다.

하지만, 그렇게 단순하게 볼 것만은 아니다. "배고픈 사람들이 먹을 것을 구할 수 있도록 기도했다면, 내가 그들에게 먹을 것을 주어야 하거나 혹은 사회의 불의에 대항해서 싸워야 한다"라고만 할 수 없다. 왜냐하면, 하나님의 결정이 기도의 내용과 달라지는 경우가 종종 있기 때문이다. 기도의 응답이 기대했던 것이 아닐 수가 있다. 선지자 엘리야가 광야에서 "주님, 이제는 더 바랄 것이 없습니다. 제 목숨을 거두어 주십시오."라고 기도했을 때, 하나님은 "일어나서 광야로 나아가라"라고 한 후 얼마 지나지 않아서 "백성에게 돌아가서 네가 맡은 일을 계속하라"고 응답한다. 선지자 요나가 불순종의 대가로 자신의 목숨을 내놓았을 때, 하나님은 그를 살려서 그가 했어야 할 일을 하게 했다.

기도 속에서 하나님과 씨름하는 사람은 자신의 생명을 걸어야 한다. 그렇지 않다면, 그것은 하나님과 진정으로 씨름하는 것이 아니다. 이제 자신의 목숨을 잃을 각오를 하고 나서 그는 하나님이 최선의 곳에 자신을 보내는 것을 받아들일 수밖에 없게 된다. 사람이 전심을 다해서 하나님과 씨름을 할 때에 하나님도 또한 전심을 다한다. 하나님이 그 아들 안에서 모든 것을 다 주었기에 하나님은 기도 속에서 인간이 당신을 진지하게 받아들여서 처신하기를 기대한다.

하나님을 진지하게 받아들인다는 것은 하나님을 시험해본다는 말이다. 우리는 하나님에게 감히 전부 다 요구하지 못하고 또 하나님이 무엇을 할 수 있는지 우리에게 준 약속으로 하나님이 바라는 것은 무엇이었는지 시험하지 않는다. 선지자 엘리야가 희생 제물들을 불로 태우도록 하나님에게 청하고, 예수가 열매 없는 무화과나무가 말라버리도록 청한 것과 같이 하나님에게 강청하는 것이 마술적인 것도 원시적인 것도 아니다. 그것은 하나님이 그렇게 행할 수 있는지 알아보고 하나님에게 그걸 요구하는 결단을 내리는 용기이다. 결단을 내린다는 것은 하나님이 침묵할 경우에 받는 충격이 심대하기 때문이다. 엄청난 의심과 조롱이 뒤따를 것이다.

기도가 얌전하고 실속이 없게 된 것은 우리가 하나님을 시험대에 올리지 못하기 때문이다. 우리는 평판을 잃을까 두려워하고, 영적인 것들^{응답이나 거절을 결코 확신할 수 없는}에 대해 염려하고, 올바른 신학^{오늘날의 관점에서 올바른}에 대해 우려한다. 우리는 기적을 요구하는 것을 덜떨어지고 물질주의적인 정신에 기인하는 것으로 평가한다. 그런데 실제로는 하나님이 나타나기 때문에 아무 여유도 재량도 없이 온전히 헌신해야 할 것이 두려운 것이다. 거기에 마지막으로 유의해야 할 점이 있다. 즉, 하나님과 씨름하기로 한 사람은 일단 시작하게 되면 결코 멈출 수 없다는 사실을 명심해야 한다. 끝까지 가야 한다. 끝까지 갈 용기가 없다면 심리적인 안정을 가져다줄 뿐인 그저 온순하고 평온한 요구를 하는 것으로 자족하는 것이 낫다.

그것은 또한 예수가 기도를 위한 경고로 우리에게 전한 것이다. 기도는 제자에게는 필수적이다. 기도할 때 그는 하나님 앞에 홀로 서게 된다. 그는 가장 가까운 사람들과도 분리되어 있지만 그들과 영적인 교제는 멈추지 않는다. 바로 그때에 "나를 위하여 집이나 아내나 부모나 형제나 자녀를 버린 자는 백배나 더 얻으리라"는 말씀이 구현된다. 그러나 그렇게 포기하게 하는 것은 제자로서의 독립성과 기도의 진정성을 위한 것이다.^{누가복음 14:25-33}

정말 분명히 해야 할 점은 과연 투쟁과 헌신에 철저하게 임할 자세를 갖추었느냐는 것이다. 하나님은 미온적인 태도를 용납하지 않는다. 참된 기도를 함으로써 우리는 기도가 얼마나 순전하고 진지한 것인지 알아차리게 된다. 망루를 세우려면 예산을 세워야 하고, 우리가 동원할 수 있는 군대가 전쟁을 능히 감당할 수 있는지 예측해야 한다. 가볍게 기도하는 것은 불가능하다. 왜냐하면, 거기에서 우리는 믿음의 근본적인 국면을 접하게 되기 때문이다.

우리가 기도의 투쟁에 함께하지 않는다면 우리의 기도는 필연코 하나의 담화에 그치고 만다. 애석하게도 하나님, 인간, 하나님의 부재, 사회 등에 관한 그런 담화에는 근본적인 믿음이 없다. 근본적인 믿음은 인간이 강력하게 하나님을 붙잡고, 하나님의 임재가 있을 때 시작된다. 근본적인 믿음을 가지게 하는 것은 인간의 행위나 의지나 인간의 지성의 작용이 아니라 오직 하나님의 임재이다. 모든 성경이 처음부터 끝까지 그 사실을 증언하고 있다. 케리그마의 내용의 핵심이 바로 그것이다.

기도는 인간과 하나님이 아무런 막힘없이 만나기 때문에 그 근본적인 역사가 일어나는 곳이다. 따라서 기도는 결정적인 투쟁이며 궁극적인 결단이다. 그리하여 기도는 하나님이 다시 우리 아버지가 되게 하기 위한 목적으로 이 시대에 얼굴을 돌린 하나님을 향한 투쟁이 된다.

3. 종말론적 소망과 인간 구원을 위한 투쟁

하나님의 둘째 계명이 첫째 계명과 필연적으로 결합하여 동일성을 가지는 것과 같이 인간을 위한 행동은 기도 속에서 하나님과 함께하는 행동과 궁극적으로 결합한다. 기도를 개입을 피하고 행동을 유보하고 위험을 회피하기 위한 수단으로 보면서, 기도하는 것은 피로와 위험을 줄여서 안정과 편안한 마음과 조화로운 질서를 회복하려는 것이라고 여기는 사람이 있다면, 그는 기도의 실상을 하나도 제대로 이해하지 못한 것일뿐더러 가장 커다란 유혹에 빠진 것임이 틀림없다. "화 있을진저 여호와의 날을 사모하는 자여"아모스 5:18-20라는 선지자 아모스의 예언은 이런 경우에 해당한다.

그러나 우리가 인간을 위한 행동을 말할 때 정치적 개입이나 사회적 개혁이나 혁명을 상정하는 것은 아니다. 그것이 불가능하다는 것은 아니다. 그러나 정치와 사회적인 정의를 향한 우리의 열정적이고 집요한 관심에도 불구하고 그것이 가장 중요한 것이 아니다. 그것은 간헐적으로나 부차적으로 좋은 영향을 주지만, 그것이 진리요 생명은 아니다. 경우에 따라서는 정반대로 거짓과 사망을 불러온다.

인간을 위한 투쟁으로서의 기도는 바울이 잘 지적한 "모든 사람의 구원을 위한 기도"디모데전서 2:1-4이면서, 높은 지위에 있는 사람들을 위한 기도이다. 우리가 "그래도 견딜 만한" 삶을 사는 것은 바로 그 기도에 달려 있기 때문이다. 그러므로 기도의 첫째 항목은 만인의 구원을 위한 투쟁이다. 만인을 위한 기도는 만인을 구원하려는 뜻에 부합된다. 그러나 그것은 제사장적인 임무에 전적으로 헌신하는 것을 의미한다. 우리는 중보기도 속에서, 하나님이 구원하려는 모든 사람들을 대변한다. 그러므로 기도는 보편성추상적인 의미가 아니다을 가질 수밖에 없다. 기도가 단조로운 중언부언이 아니라 투쟁일 때 그렇게 된다는 말이다.

그것은 인간을 위한 투쟁인 동시에 경우에 따라서는 인간에 맞서는 투쟁이 되기도 한다. 이 기도가 무관심한 사람들에게 진리를 선포하는 것이 기도 하기 때문이다. 그런 점에서 보면 교회와 세상 사이에 경계가 없게 된다. 만인을 위하는 기도는 다 내어주면서 동시에 요구하는 하나님 사랑의 어려움을 보여준다. 그러한 신앙과 만인 사랑에 기반을 둔 기도는 막연한 보편적인 인도주의와는 다르다. 그것은 예수 그리스도 안에서 만인이 얻은 구원에 초점을 맞추어서 우리가 가진 모든 힘을 다하여 전적으로 책임 있는 행동을 하는 것이다. 그것을 떠나서 기도는 아무런 의미가 없다.

기도의 모든 항목들은 서로 연결된다. 나만의 감상주의를 넘어서기 위한 기도, 남들의 무관심을 극복하기 위한 기도, 하나님이 숨는 것을 막기 위한 기도 등과 같은 기도는 결국 모든 사람들을 위한 것이기에 모두 다 연결된다. 높은 자리에 있는 사람들을 위한 기도도 마찬가지이다. 기도에서 나는 나 자신과 싸워서 권위자들을 향한 나의 굴종적인 태도나 비판적이고 반항적인 나의 자세를 극복해야 한다. 그리고 권위자들과 싸워서 그들이 자신들의 임무를 성실하게 이행하도록 요구해야 한다. 또한 나는 하나님의 정치에 대한 무관심과 싸워야 한다.

권위자들을 위해 깊이 기도하면서도 내가 그들로부터 기대할 수 있는 것은 아주 상대적이라는 사실을 명심해야 한다. 사도 바울은 그 점을 훌륭하게 지적한다. "높은 지위에 있는 모든 사람들을 위하여 기도하라. 이는 우리가 모든 경건과 단정함으로 고요하고 평안한 생활을 하려 함이라." 권력과 국가로부터 정의나 진리나 자유나 해결책을 바라지 말아야 한다. 기대할 수 있는 것은 상대적으로 평안한 상황이다. 여기서 '생활'이라는 말은 그리스어로는 물질적인 삶을 뜻하는 비오스^{Bios}이지 정신적인 생명을 뜻하는 조에^{Zoé}가 아니다. 나는 권위자들에게서 영적인 생명을 바라지 말아야 한다. 다만 인간적인 삶이 물질적으로 가능하도록 최소한의 질서와 독립성과 균형을 구한다. 그것은 아주 상대적이지만 또한 아주 중요한 것이다. 그것이 없다면 다른 어떤 것도 얻을 수 없다.

우리는 아주 상대적인 것을 얻으려면, 또한 아주 상대적인 이 세상과 이 사회의 유익을 위해서 임무를 다 하여야 한다. 우리는 세상은 지나갈 것이고 모든 것은 먼지처럼 사라질 것을 안다. 그러나 하나님은 우리에게 이 지상의 낮은 거처를 위해서 쉬지 않고 기도하라고 명령한다. 그것은 이곳을 거주할 만한 곳이 되게 하기 위한 것이다. 그러나 그것은 또한 이곳이 계속 낮은 곳으로 남아 있게 하여서 이곳을 마치 천국인 양 열광하는 유혹을 받지 않게 하기 위한 것이다.

이 사회를 위한 기도는 이 사회에 제자리를 찾아준다. 그 모든 능력과 기술적인 성공과 과학적인 커다란 성과와 멋진 사회의 도래에도 불구하고 이 사회는 빈약하고 작고 보잘 것 없고 일시적인 것에 지나지 않는다. 그래서 기도가 절대적으로 필요한 것이다. 끈질긴 기도가 없이는 이 거대한 사회는 교만과 자살로 마감할 것이고, 성도들의 중보기도가 없이는 이 사회의 역사는 "바보가 지어낸 미친 헛소리의 역사"가 될 것이다. 그러나 이 사회의 활동이 기도에 기반을 두기 시작할 때부터 그 활동은 생기를 주는 유연함을 가지게 될 것이다. 기도는 온전한 분별력을 갖게 하여서 운명과 광기를 극복하게 한다. 또한 기도는 순종과 신실함을 가지게 하여 인간적인 주장들을 각성케 하고 소멸시키면서, 동시에 인간의 소망과 간구를 겸허히 경청하게 한다.

종말론적 행위

하나님의 언약에 기반을 둔 것이기에 기도는 소망을 담은 최고의 행위이다. 그것은 소망으로 행해지는 것이기에 소망이 없다면 아무런 내용도 없는 것이 된다. 모든 기도는 소망의 행위로서 필연적으로 종말론적이 된다. 현재를 위한 기도와, 미래를 위한 기도가 따로 있는 것이 아니다. 현재 상황의 해결을 위한 응답으로 현실화되는 소망과, 마지막 때의 소망이 따로 있는 것이 아니다. 오늘을 위한 청원 기도와, 미래를 위한 청원 기도가 따로 있는 것이 아니다. 하나님의 오늘은 마지막 때이다.

옆에서 십자가형을 당하면서 자신에게 간구하는 살인강도에게 예수는 "오늘 네가 나와 함께 낙원에 있으리라"라고 대답한다. 기도가 응답이 된다면 어떻게 응답되는지 그 내용은 알 수 없다, 천국에 들어간 것이다. 바로 오늘. 그 오늘은 나의 현재가 아니라 영원한 주님의 현존이다. 기도는 나로 하여금 천국이 임하는 이 마지막 때에 놓이게 하는 행위이면서 천국이 오게 하는 행위이다. 하늘에 계신 우리 아버지로 시작하는 모든 기도는 "우리 구주 예수님 어서 오시옵소서"로 끝을 맺어야 한다. 기도의 흐름은 이 두 개의 지점 사이에 있다. 하나가 없으면 다른 하나도 성립되지 않는다. 현재의 흐름이 거기에 있다. 그렇게 기도의 의미가 주어진다. 내가 기도하면 내가 기도하는 곳에 다가올 마지막 때가 임한다.

　기도는 새로운 창조의 언약을 구현시킨다. 하나님과의 이 특별한 관계를 통하여 종말이 현실화한다. 물론 그것이 객관적이고 보편적으로 인지되는 것은 아니다. 하나님은 자신을 향하여 "어느 때까지 하시려나이까"요한계시록 6:10라고 부르짖는 사람들의 기도 소리를 듣고 응답하여 당신이 결정한 것을 성취한다. 이는 새로운 창조가 이루어지려면 인간의 준비가 있어야 하는 것이 아니라 결정하는 자와 그를 부르는 자의 동의가 있어야 하기 때문이다. 하나님은 독단적으로 결정하지 않는다. 하나님은 마지막 창조를 위해서 기도 속에 표현되는 피조물과의 사랑의 교제 가운데 역사한다. 종말의 시간과 기도의 상호 관계는 끊임없이 지속된다. 그러므로 기도는 이 종말의 때를 임하게 하거나 준비하게 한다. 사도 베드로는 "만물의 마지막이 가까이 왔으니 그러므로 너희는 정신을 차리고 근신하여 기도하라"베드로전서 4:7고 선포한다. 그러나 착각은 금물이다. 이 말씀은 반드시 부정적인 것만을 뜻하는 것이 아니다. 마지막 종말은 목표와 완성을 의미하기도 한다. 이는 단순히 역사적인 시간의 흐름이나 종말의 경고를 말하는 것뿐만 아니라 모든 것이 목표에 다다라서 개개인의 삶과 역사와 모든 창조의 세계가 완성된다는 사실을 뜻하는 것이다.

　그런데 그 완성은 인간이 역사 속에서 바라고 소망하고 시도했던 것의 성취와 함께 하나님이 바라고 소망하고 선택했던 것의 성취를 뜻한다. 그 말은 "이제 곧 세상의 끝이 온다"라는 뜻이 아니라 "천국이 가까이 왔다. 천국은 너희 안에 있다. 천국이 너희 가운데 있다."라는 뜻이다. 그것은 "모든 것을 이루었다"라는 말에 부합한다. 여기서는 머나먼 미래에 이루어야 할 목표를 말하는 것이 아니다. 목표는 이미 이루었다.

그런데 사도 베드로의 말씀의 첫 부분을 그렇게 이해할 때 "그러므로 너희는 정신을 차리고 근신하여"라는 말을 왜곡하지 말아야 한다. 특히 다음과 같이 이해해서는 안 된다. "세상의 종말이 곧 임하게 되고, 모든 것이 사라질 것이니, 사라지고 말 것에 집착하지 말고 기도하라." 이보다 더 심한 것은 "곧 죽음에 이어 하나님의 심판이 따를 것이니, 문제가 없도록 빨리 기도하라."는 말로 받아들이는 것이다. 이는 끔찍한 이단사설이요 신성모독이며 하나님 아버지를 조롱하는 말이다.

사도 베드로의 말씀의 뜻은 다음과 같다. 모든 것을 다 이루었고 모든 것이 목표에 다다랐으니 너희는 이제 천국에 들어가 있는 사람처럼 살 수 있고 또 그렇게 살아야 한다. 그런데 천국 백성으로 먼저 할 것은 정신을 차리는 것이고 기도하는 것이다. 정신을 차리고 기도하라. 즉, 너희가 이미 따르고 있는 진리를 분별하도록 하고, 사물들과 생명체들과 상황들과 사건들 속의 진리를 분별하라. 이는 우리가 행하는 모든 것의 일시적이고 상대적인 특성과 동시에 그 불가피성과 가치를 알아차리는 것이다. 그리고 목표의 도달과 성취의 확고부동한 실상을 알아보는 것과 함께 그것이 지금은 감추어져서 신앙으로만 알 수 있는 점을 깨닫는 것이다.

이는 일상생활 속에서 행하는 기도 생활의 근간이다. 그것은 또한 하나님의 역사의 완성과 완전한 성취를 간구하는 것이다. 우리가 현실적으로 마지막 때를 살고 천국의 도래에 참여하는 길은 현실적인 상황을 품는 회피하는 것이 아닌 기도를 하는 것이다. 이어지는 베드로의 말씀은 준엄하다. 이 기도로 시작해서 "뜨겁게 아가페의 사랑을 하는" 삶을 살아야 한다. 이처럼 종말론적인 기도는 필연적으로 우리를 현실 속의 삶으로 인도한다. 그러나 그것은 단순히 현실에 참여하는 것을 뜻하는 것이 아니다.

사회참여

기도에 전적으로 헌신하는 것은 우리로 하여금 우리 사회와 가까운 이웃들과 멀리 있는 외인들의 삶에 함께하는 것이다. 기도는 경계가 없다. 추상적이지 않은 기도는 그 내용과 의미가 하나님에게서 온 것이라는 점에서 공동체들과 우리가 모르는 사람들을 위한 중보아가페와는 반대로가 될 수 있다. 그러나 기도하면서 행동을 병행하고, "세상을 거부하는 것"과는 반대로 나아가고, 현실적으로 일어나는 사건에 계속해서 관여할 때신비하고 애매하고 산만한 말로 흘려버리지 않고, 사람들이 오늘날 정말 믿기 힘든 것은 둘 중에서 중요한 것이 기도이지 행동이 아니라는 사실이다.

기도의 소재는 세상으로부터 주어지는 것이고세상에서 우리는 행동하는 것이다 추상적으로 기도하는 것은 의미가 없다. 즉, 우리의 기도는 구체적인 상황에 따른 것이어야 한다. 행동으로 이어지는 기도는 정확한 목적을 가진다. 평화와 정의를 위해서 기도하는 것은 아무 소용도 없다. 기도에서 언급하는 평화와 정의가 어떤 것인지 분명해야 한다. "기도는 일방적인 것을 감수하는 용기가 있어야 한다. 그 용기는 성서의 시편 기자들처럼 종교개혁가들이 서슴지 않고 자신의 원수를 저주하는 데서 드러냈다."Mottu 그러나 행동이 아무리 중요한 것일지라도 주도하는 것은 기도이다. 기도는 세상의 실상을 하나님 앞에 드러내는 것이다.Ebeling, 48)

우리는 본능적으로 행동하고 그리고 나서 기도한다. 그러나 순서가 바뀌

---

48) [역주] 게르하르트 에벨링(Gerhard Ebeling, 1912-2001), 불트만의 제자. 신학자로서 역사적 예수 연구.

었다. 기도하고 그 기도를 기점으로 기도에 따라 행동해야 한다. 행동과 실천을 권장하려고 이렇게 말할 수도 있다. "행동만이 유익하다. 행동은 거짓말을 하지 않는다. 행동은 성공과 실패가 분명하다. 행동만이 현대인들의 필요에 상응하고 곧 제2계명에 부합한다. 현실의 세상은[49] 관상을 위해 만들어진 것이 아니다." 그러나 이 모든 것에는 한편으로 행동의 이데올로기가 있고, 다른 한편으로 영적인 전투로서의 기도에 대해 전혀 이해하지 못하는 측면이 있다.

기도는 행동을 동반한다. 그러나 둘 중에서 기도는 근본적이고 결정적이다. 모든 행동은 필연적으로 주변 환경에 따라 변화를 받고 그 목적을 벗어나 상황에 따라 잘못되어 예측할 수 없는 결과를 초래하고 불행의 행렬을 수반하게 된다. 참된 기도는 그 내용과 효과가 하나님에게서 오는 것이기 때문에 바뀌지 않으며, 그 목적을 달성하고, 하나님이 허락한 결과를 얻는다. 행동은 기도에 의해 평가되는 것이다.

기도는 행동의 유한성을 보여준다. 왜냐하면, 기도는 행동이 궁극적인 것이 아님을 드러내어 거기서 극적이거나 비극적인 요소를 제거하기 때문이다. 기도는 행동을 너무나 심각하게 받아들이려는 유혹으로부터 우리가 벗어날 수 있도록 여유와 거리를 부여한다. 그러나 그러면서 기도는 행동의 가장 커다란 진리를 밝혀준다. 기도는 개인을 행동의 불안과 좌절로부터 구하듯이 행동주의로부터 행동을 구한다. 기도는 행동이 실패할 경우에도 비극적인 상황에 빠지지 않게 한다. 기도는 성공을 위해 자기 자신을 상실할 위험에 이를 정도로 우리가 과도한 행동을 취하고 있는 경우에 우리를 붙잡아 행동주의에 빠지지 않게 한다. 기도는 우리의 유한성을 확증

---

[49] 사람들은 흔히 "중세 시대와는 반대로"라는 말을 덧붙이곤 하는 데 이는 중세를 잘 모르고 하는 말이다. 가혹한 상황과 분쟁과 민란과 전쟁으로 얼룩진 그 시대가 관상의 시대를 상징하는 것으로 잘못 알고 있다. 우리 사회보다 더 동요하는 사회에서도 기도 생활을 하는데 필요한 것은 기도를 원하는 것만으로 충분했다.

하고 드러내기 때문에 우리 자신의 존재가 우리의 행동보다 먼저이고 우리 자신이 행동을 주도해야 하고 우리의 행동은 절대 타자인 하나님에 의해 주도되어야 한다는 걸 우리에게 가르쳐 준다. 기도 덕분에 우리는 자기 자신의 실상과 행동의 면모를 절망이 아니라 소망 속에서 바라볼 수 있게 된다.

영적인 전투 속에서 기도하는 그리스도인은 사회 참여에 진실한 신앙을 결부시키면서 순전히 정치적으로 참여하는 사람보다 더더욱 진지하고 결연하게 사회를 위해 행동한다. 기도와 행동을 대립시키는 것이 아니라 인간 본성적인 가치의 문화적 서열을 뒤바꾸는 것이 중요하다. 행동이 기도의 진정성의 기준이나 진실성의 증거나 시금석이 될 수 없다. 기도가 행동의 진정성에 의의와 의미와 근거를 제공하는 것이다.

기도를 떠나서는 행동은 필연적으로 폭력과 거짓이 된다. 달리 그렇지 않은 행동은 없다. 기술적인 행동도 외적으로는 중립성과 객관성을 띤 것 같지만 그런 범주에 속할 수밖에 없다. 기도는 인간관계에서 폭력을 대체할 수 있는 유일한 대안이다. 왜냐하면, 행동의 가치를 기대하게 할 수 있는 것은 기도이기 때문이다. 행동은 이제 더는 어떤 수를 써서라도 즉각적이고 눈에 보이고 기대하고 있는 결과를 달성하려고 하지 않는다. 행동은 또 다른 차원의 의미와 목적을 갖게 된다. 기도는 행동의 목적아마도 예기치 않은을 수립한다. 그렇지만, 기도는 모든 행동을 다 포용할 수는 없다. 종교 재판이단들의 구원을 위해 기도하고는 그들을 화형했다의 행동이나 1939년의 프랑스 교회가 권고한 행동적을 위해 기도하고 적을 죽여라와 같은 것들은 받아들일 수 없다. 그런 식으로 기도를 이용하는 것은 신성모독에 해당한다는 점은 자명하다. 그리스도 안에서 사랑하는 형제를 위해 기도로 영적인 전투를 하면서 물리적 심리적 폭력을 그에게 가한다는 것은 불가능하다.

기도는 폭력을 가치 있는 최후의 방책이자 자명한 수단이라고 보는 견해를 문제시한다. 폭력을 사용하기를 원하면 그렇게 하는 것이다. 그렇지만, 기도와 이웃 사랑을 내세우는 코미디는 그만두어야 한다. 하나의 결정을 내려야 할 때가 있다. 그러나 정직해야 한다. 그런 결정을 내리면서 우리는 진리인 주님과의 관계와 최고의 성공 기회를 놓쳐버린다는 사실을 알아야 한다. 이미 폭력을 선택했다면 그걸 알 수가 없다. 우리는 또한 우리의 입장이 원칙에서 훨씬 더 벗어났다는 점을 알아야 한다. 왜냐하면, 폭력을 선택하면서 우리는 전적으로 폭력의 세계에 발을 들여놓은 것으로, 그 세계는 폭력이 전면적으로 군림하고 폭력과 행동의 이데올로기가 자리 잡는 곳이기 때문이다. 폭력을 택한 우리는 온전히 그 세계에 순응하게 된다. 폭력은 그 세계의 기본 원리^{Stoikéia} 중의 하나이다.

폭력과는 반대인 기도는 훨씬 더 전면적인 단절이고 근본적인 항쟁이다. 왜냐하면, 기도의 결단과 영적인 전투 속에서 오직 예수 그리스도의 부활과 희생과 기도에 몰두하기에 세상은 어떤 영향도 미칠 수 없기 때문이다. 삶의 태도와 양식과 행동과 같은 모든 면에서 궁극적인 근본적인 신앙은 기도의 전적인 단절에 기인한다. 기술 사회는 행동에 몰두하기 때문에 기도하려고 방으로 들어가는 것은 정말 근본적인 신앙 행위에 속한다. 모든 것이 거기서 비롯된다. 사회 속에서 기도하는 것은 사회를 향한 행위로서 모든 현실적인 사회참여보다 훨씬 더 커다란 영향을 준다.

기도는, 우리가 앞에서 설명한 결단이면서 우리를 먼저 부른 전적인 타자이자 초월자인 주님을 향하는 것이라는 면에서, 기술 사회의 엄격한 메커니즘과는 정반대이다. 기도는 인간의 사물화와 소외상태에 변화를 줄 수 있는 활로이다. 기도는 국가의 완전한 권력으로부터 독립하는 것이다. 기도는 이데올로기와 심리적인 조작들에 대하여 반기를 드는 것이다. 기도는 오늘날 단순한 환상이요 불가피한 현실로부터의 도피요 결코 오지 않을 세상을 향한 망상에 지나지 않는 것으로 판명된 혁명적인 행동에 반대하는 것이다. 기도는 경직화된 조직 내부에 융통성을 주는 것이고, 개인주의와 대중사회의 딜레마를 긍정적으로 벗어나게 하는 것이다. 기도는 소비만능의 환상과 효율성에 대한 광적인 집착을 상쇄시키는 금욕적인 행위이다. 기도는 의미를 상실한 사회를 위해 필요 충분한 유일한 행동이자 실천이다.

역사

종말론적이고 근본적이기 때문에 기도는 역사를 만든다. 물론 기도가 유일하게 역사를 만드는 것은 아니다. 요한계시록은 역사를 건설하는 세력들의 이미지로 네 마리의 말을 기술한다. 그중 세 마리는 각각 전쟁과 국가의 권력, 기근과 경제적인 능력, 질병과 죽음을 상징하고 마지막으로 백마는 승리자인 하나님의 말씀이다.요한계시록 6:1-7 그러므로 하나님의 말씀은 땅 위에서 발호하는 세력들 가운데 섞여서 역사를 만들지만 유일하게 승리자가 되어서 궁극적으로 인간의 역사가 재앙과 파멸로 끝나지 않도록 보장한다. 그것은 이 땅 위에, 사람들 가운데, 역사 속에 임하는 말씀의 임재이다. 성육신한 말씀은 성례전과 메시지 선포와 기도를 한다. 그것이 성육신의 현실적인 양상들이다. 셋 중 한 양상이라도 빠진다면 성육신의 임재가 없는 것이다. 그러면 역사는 이루어지지 않는다.

우리는 행동, 혁명, 제도, 사건, 학살, 생산, 문화 등등을 축적할 수 있다. 그러나 그것은 이루어야 할 역사가 아니라 불행과 굴욕이 섞인 혼돈에 불과하다. 그리스도가 이 시대에 성육신하지 않는다면, 이 시대의 역사 속에 우리가 만들어야 할 역사가 없다. 그 시작도 중간도 끝도 없다. 우리의 비전과 이해를 위한 알파와 오메가가 빠진다. 우리가 초월적인 신앙으로서 그것을 역사와 무관한 영원성에 내맡기기 때문이다.

개인적인 동시에 공동체적인 성육신의 세 가지 양상들 가운데 기도는 하나님의 말씀과 인간의 언어가 만나 대화하는 것이다. 기도는 성육신의 다른 두 가지 양상들과 불가분의 관계이다. 기도는 우리를 하나님 말씀의 은밀한 사역과 역사 속에 있는 하나님의 섭리에 파스칼의 말은 여기서 그 깊은 의미를 있지만, 하나님이 인간에게 준 것은 기계적인 혹은 철학적인 인과관계가 아니라 역사적인 인과관계이다 연결해준다.

이 성육신은 역사의 길이요 구조이다. 이 길이 하나님이 주관하는 길이라면, 그 구조를 계속해서 만들어가는 것은 우리의 몫이다. 중요한 것은 장차 올 미래의 종말론과 현재화된 종말론 사이의 대립과 긴장이 아니라 우리를 향해 오는 그리스도의 활동이다. 그것은 우리의 행동을 통해서 종말론적인 천국이 하나님의 섭리에 따라 오늘의 현실에 임하게 하는 것이다. 그러나 여기서 우리의 행동은 기도 그 자체일 수밖에 없다.

은밀한 기도의 행위는 그렇게 역사의 뼈대를 그리스도 안에서 만들어가는 것이다. 여기에서 나라는 개인이 불가피하게 우리라는 공동체로 이행하게 된다. 개인적인 은밀한 기도와 교회 공동체의 기도는 사람들은 흔히 그룹 기도와 교회 공동체적인 기도를 혼동한다 서로 대립하는 것이 아니다. 가장 은밀하게 속으로 하는 개인적인 기도는 모두를 위한 기도일 수밖에 없다. 왜냐하면, 그 기도를 기도하는 사람이 그럴 의향이 전혀 없고 아무런 정치적인 언급도 하지 않는다고 해도 통해서 모든 인류의 역사가 의미와 미래의 가능성을 가지게 되기 때문이다.

기도를 "행동의 허무성"에 대항하는 궁극적인 항상 현재화되는 영적인 전투라고 이해할 때 우리는 기도의 온전한 의미를 알게 된다. 늘 모든 것을 삼켜버릴 것 같은 허무뱀, 리바이던의 성서적인 오래된 이미지는 실제로 최근의 현실에 부합한다. 기도만이 승리를 가져올 수 있다. 그 승리는 우리에게 달려 있다. "진정으로 기도하는 자에게 악마는 근거 없는 무서운 악몽에 지나지 않는다."Castelli, 50) 사실이 그렇다. 사역의 허무함은 역사의 불가능성과 허망함과 비인간성으로회피, 불안정성, 무책임성, 무계획성, 비도덕성 드러난다. 그런데 기도는 삶과 행동과 인간관계와 크고 작은 현실에 일관성을 부여한다. 기도는 창조 세계의 분산된 부분들을 모아 하나가 되게 하고, 역사에 가능성을 주고, 허무에 대한 승리를 가져온다.

"평화의 하나님은 당신 혼자서 모든 사람들을 다 품은 것처럼 한 사람이 모두를 위해서 기도하기를 원하신다."51) 그러나 성례전과 설교는 기도가 동반되지 않는다면 그 중요성과 현재성을 상실하게 된다.

그러한 것이 영적인 전투로서 기도가 가지는 궁극적인 의미이다. 기도 속에서 우리는 모든 본능적인 성향에 반해서 순종하고 모든 사실의 개연성에 반해서 소망을 가지는 것이, 우리의 개인적인 사정을 훌쩍 넘어서는 가치를 얻는 길임을 알게 된다. 기도는 종말론적인 행위로서, 생명의 실타래를 엮어가려고 죽음과 허무에 대항하여 매 순간 영적으로 싸우는 것이다.

---

50) [역주]엔리코 카스텔리(Enrico Castelli, 1900-1977), 이탈리아의 철학자이자 신학자.
51) 키프리아누스(Cyprien), 『주의 기도에 관하여』 *De domin. orat.*, 8.

엘륄의 저서연대기순 및 연구서

- *Étude sur l'évolution et la nature juridique du Mancipium*. Bordeaux: Delmas, 1936.
- *Le fondement théologique du droit*. Neuchâtel: Delachaux & Niestlé, 1946.
  → 『자연법의 신학적 의미』, 강만원 옮김(대장간, 2013)
- *Présence au monde moderne: Problèmes de la civilisation post-chrétienne*. Geneva: Roulet, 1948.
  → 『세상 속의 그리스도인』, 박동열 옮김(대장간, 1992, 2010(불어완역))
- *Le Livre de Jonas*. Paris: Cahiers Bibliques de Foi et Vie, 1952.
  → 『요나의 심판과 구원』, 신기호 옮김(대장간, 2010)
- *L'homme et l'argent* (Nova et vetera). Neuchâtel: Delachaux & Niestlé, 1954.
  → 『하나님이냐 돈이냐』, 양명수 옮김(대장간, 1991, 2011)
- *La technique ou l'enjeu du siècle*. Paris: Armand Colin, 1954. Paris: Économica, 1990.
- (E)*The Technological Society*. New York: Knopf, 1964.
  → 『기술 또는 세기의 쟁점』(대장간 출간 예정)
- *Histoire des institutions*. Paris: Presses Universitaires de France, plusieurs éditions (dates données pour les premières éditions);. Tomes 1-2, L'Antiquité (1955); Tome 3, Le Moyen Age (1956); Tome 4, Les XVIe-XVIIIe siècle (1956); Tome 5, Le XIXe siècle (1789-1914) (1956).
  → 『제도의 역사』, (대장간, 출간 예정)
- *Propagandes*. Paris: A. Colin, 1962. Paris: Économica, 1990
  → 『선전』하태환 옮김(대장간, 2012)
- *Fausse présence au monde moderne*. Paris: Les Bergers et Les Mages, 1963.
  → (대장간 출간 예정)
- *Le vouloir et le faire: Recherches éthiques pour les chrétiens*: Introduction (première partie). Geneva: Labor et Fides, 1964.
  → 『원함과 행함』(솔로몬, 2008)
- *L'illusion politique*. Paris: Robert Laffont, 1965. Rev. ed.: Paris: Librairie Générale Française, 1977.
  → 『정치적 착각』, 하태환 옮김(대장간, 2011)
- *Exégèse des nouveaux lieux communs*. Paris: Calmann-Lévy, 1966. Paris: La Table Ronde, 1994.
  → (대장간, 출간 예정)
- *Politique de Dieu, politiques de l'homme*. Paris: Éditions Universitaires, 1966.

- →『하나님의 정치와 인간의 정치』, 김은경 옮김(대장간, 2012)
- *Histoire de la propagande*. Paris: Presses Universitaires de France, 1967, 1976.
  →『선전의 역사』(대장간, 출간 예정)
- *Métamorphose du bourgeois*. Paris: Calmann-Lévy, 1967. Paris: La Table Ronde, 1998.
  →『부르주아와 변신』(대장간, 출간 예정)
- *Autopsie de la révolution*. Paris: Calmann-Lévy, 1969.
  →『혁명의 해부』, 황종대 옮김(대장간, 2013)
- *Contre les violents*. Paris: Centurion, 1972.
  →『폭력에 맞서』, 이창헌 옮김(대장간, 2012)
- *Sans feu ni lieu: Signification biblique de la Grande Ville*. Paris: Gallimard, 1975.
  →『머리 둘 곳 없던 예수-대도시의 성서적 의미』, 황종대 옮김(대장간, 2013).
- *L'impossible prière*. Paris: Centurion, 1971, 1977.
  →『우리의 기도』, 김치수 옮김(대장간, 2015)
- *Jeunesse délinquante: Une expérience en province*. Avec Yves Charrier. Paris: Mercure de France, 1971.
- *De la révolution aux révoltes*. Paris: Calmann-Lévy, 1972.
- *L'espérance oubliée, Paris*: Gallimard, 1972.
  →『잊혀진 소망』, 이상민 옮김(대장간, 2009)
- *Éthique de la liberté*,. 2 vols. Geneva: Labor et Fides, I:1973, II:1974.
  →『자유의 윤리』, (대장간, 출간 예정)
- *Les nouveaux possédés*, Paris: Arthème Fayard, 1973.
- (E)*The New Demons*. New York: Seabury, 1975. London: Mowbrays, 1975.
  → (대장간, 출간 예정)
- *L'Apocalypse: Architecture en mouvement*, Paris. Desclée 1975.
- (E)*Apocalypse: The Book of Revelation*. New York: Seabury, 1977.
  →『요한계시록-움직이는 건축물』(대장간, 출간 예정)
- *Trahison de l'Occident*. Paris: Calmann-Lévy, 1975.
- (E)*The Betrayal of the West*. New York: Seabury,1978.
  →『서구의 배반』, (대장간, 출간 예정)
- *Le système technicien*. Paris: Calmann-Lévy, 1977.
  →『기술 체계』, 이상민 옮김(대장간, 2013)
- *L'idéologie marxiste chrétienne*. Paris: Centurion, 1979.
  →『기독교와 마르크스주의』, 곽노경 옮김(대장간, 2011)
- *L'empire du non-sens: L'art et la société technicienne*. Paris: Press Universitaires de France, 1980.
  →『무의미의 제국』, 하태환 옮김(대장간, 2013년 출간)
- *La foi au prix du doute*: "*Encore quarante jours..*". Paris: Hachette, 1980.

- → 『의심을 거친 신앙』, 임형권 옮김 (대장간, 2013)
- *La Parole humiliée*. Paris: Seuil, 1981.
  - → 『굴욕당한 말』, 박동열 이상민 공역(대장간, 2014년)
- *Changer de révolution: L'inéluctable prolétariat*. Paris: Seuil, 1982.
  - → 『인간을 위한 혁명』, 하태환 옮김(대장간, 2012)
- *Les combats de la liberté*. (Tome 3, L'Ethique de la Liberté) Geneva: Labor et Fides, 1984. Paris: Centurion, 1984.
  - → 『자유의 투쟁』(솔로몬, 2009)
- *La subversion du christianisme*. Paris: Seuil, 1984, 1994. [réédition en 2001, La Table Ronde]
  - → 『뒤틀려진 기독교』,박동열 이상민 옮김(대장간, 1990 초판, 2012년 불어 완역판 출간)
- *Conférence sur l'Apocalypse de Jean*. Nantes: AREFPPI, 1985.
- *Un chrétien pour Israël*. Monaco: Éditions du Rocher, 1986.
  - → 『이스라엘을 위한 그리스도인』(대장간, 출간 예정)
- *Ce que je crois*. Paris: Grasset and Fasquelle, 1987.
  - → 『내가 믿는 것』(대장간 출간 예정)
- *La raison d'être: Méditation sur l'Ecclésiaste*. Paris: Seuil, 1987
  - → 『존재의 이유』(규장, 2005)
- *Anarchie et christianisme*. Lyon: Atelier de Création Libertaire, 1988. Paris: La Table Ronde, 1998
  - → 『무정부주의와 기독교』, 이창헌 옮김(대장간, 2011)
- *Le bluff technologique*. Paris: Hachette, 1988.
- (E)*The Technological Bluff*. Grand Rapids: Eerdmans, 1990.
  - → 『기술담론의 허세』(대장간, 출간 예정)
- *Ce Dieu injuste..?: Théologie chrétienne pour le peuple d'Israël*. Paris: Arléa, 1991, 1999.
  - → 『하나님은 불의한가?』, 이상민 옮김(대장간, 2010)
- *Si tu es le Fils de Dieu: Souffrances et tentations de Jésus*. Paris: Centurion, 1991.
  - → 『네가 하나님의 아들이라면』, 김은경 옮김(대장간, 2010)
- *Déviances et déviants dans notre societé intolérante*. Toulouse: Érés, 1992.
- *Silences: Poèmes*. Bordeaux: Opales, 1995.
  - → (대장간, 출간 예정)
- *Oratorio: Les quatre cavaliers de l'Apocalypse*. Bordeaux: Opales, 1997.
- (E)*Sources and Trajectories: Eight Early Articles by Jacques Ellul that Set the Stage*. Grand Rapids: Eerdmans, 1997.
- *Islam et judéo-christianisme*. Paris: Presses universitaires de France, 2004.
  - → 『이슬람과 기독교』, 이상민 옮김(대장간, 2009)
- *La pensée marxiste*: Cours professé à l'Institut d'études politiques de Bordeaux

de 1947 à 1979 Edited by Michel Hourcade, Jean-Pierre Jézéuel and Gérard Paul. Paris: La Table Ronde, 2003.
→『마르크스 사상』, 안성헌 옮김(대장간, 2013)

- *Les successeurs de Marx*: Cours professé à l' Institut d' études politiques de Bordeaux Edited by Michel Hourcade, Jean-Pierre Jézéquel and Gérard Paul. Paris: La Table Ronde, 2007.
→『마르크스의 후계자』 안성헌 옮김(대장간,2014)

기타 연구서

- 『세계적으로 사고하고 지역적으로 행동하라』(Perspectives on Our Age: Jacques Ellul Speaks on His Life and Work.), 빌렘 반더버그, 김재현, 신광은 옮김(대장간, 1995, 2010)
- 『자끄 엘륄 -대화의 사상』(Jacques Ellul, une pensée en dialogue. Genève), 프레데릭 호농(Frédéric Rognon)저, 임형권 옮김(대장간, 2011)
- 『자끄 엘륄입문』신광은 저(대장간, 2010)
- *A temps et à contretemps: Entretiens avec Madeleine Garrigou-Lagrange*. Paris: Centurion, 1981.
- *In Season, Out of Season: An Introduction to the Thought of Jacques Ellul*: Interviews by Madeleine Garrigou-Lagrange. Trans. Lani K. Niles. San Francisco: Harper and Row, 1982.
- *L'homme à lui-même: Correspondance*. Avec Didier Nordon. Paris: Félin, 1992.
- *Entretiens avec Jacques Ellul*. Patrick Chastenet. Paris: Table Ronde, 1994

대장간 **자끄 엘륄 총서**는 중역(영어번역)으로 인한 오류를 가능한 줄이려고, 프랑스어에서 직접 번역을 하거나, 영역을 하더라도 원서 대조 감수를 원칙으로 하고 있습니다.
이 일은 한국자끄엘륄협회의 협력으로 이루어지고 있으며, 총서를 통해서 엘륄의 사상이 굴절되거나 왜곡되지 않고 그의 삶처럼 철저하고 급진적으로 전해지길 바라는 마음 가득합니다.